제대로 역사 공부 ❶

초등 고학년과 중학생을 위한 역사 이해 프로젝트

교과서가 쉬워지는

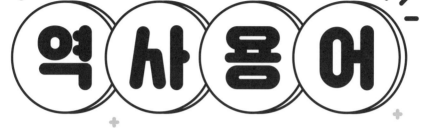

역사 용어

선사시대~고려시대

정상우 지음

소울에듀
soul education...

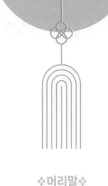

역사 공부 잘하는 방법

20년 넘게 역사와 논술로 아이들을 만났습니다. 그런데 아이들이 국어뿐만 아니라 역사에서 가장 어려워하는 것은 역사 어휘 즉 '용어'였어요. 용어에 대한 이해가 부족하다보니 특정 낱말이 사람이름인지, 관직이름인지, 지역이름인지 구분을 하지 못해 제대로 이해를 못하는 경우가 많았어요.

인물 또한 이름은 들어보았지만 그 인물이 어느 시대에, 어떤 내용으로 활약했는지 알지 못해 제대로 이해를 못하는 경우 역시 많았지요. 역사에 기록된 인물은 그 시대가 안고 있었던 문제를 해결하는 데 기여한 사람이에요. 인물의 활약상을 보면 그 시대를 이해하는 바탕이 되는 거죠.

이처럼 역사 용어와 인물은 역사와 시대를 이해하는 밑바탕이 됩니다. 영어 공부를 시작할 때 단어 외우기에서 시작하듯 역사 공부도 용어와 인물 알기에서 시작해야 해요. 이 책은 이러한 문제의식에서 출발했습니다.

현재 초등 사회 역사파트에서 다루고 있는 용어는 500여 개, 인물은 100여 명. 중등과정은 출판사별로 조금씩 차이가 있기는 하지만 용어가 550개 내외, 인물은 160명 내외입니다. 초등과정에 비해 중등과정은 용어에서는 정치 및 사회 제도, 인물에서는 근현대사 인물이 보다 자세히 다뤄지고 있어요.

용어와 인물 선정은 교과서를 바탕으로 했고, 초등과 중등 교과과정에서 나오는 용어와 인물 가운데 역사 이해에 필요한 용어와 인물은 대부분 다뤘어요. 초등교과서는 기존 교과서와 2015년 교육과정에 맞춰 나온 것을 모두 참고했으며, 중등은 미래엔, 금성출판사, 천재교육, 비상교육에서 나온 교과서를 참고했습니다.

〈교과서가 쉬어지는 역사 용어〉는 선사시대부터 일제강점기까지 다루고 있습니다. 시대구분은 '선사시대 – 고조선 – 부족연맹국가 – 삼국시대 – 남북국시대 – 후삼국시대 – 고려시대 – 조선시대 – 일제강점기' 순으로 했으며 용어 및 인물도 이 순서에 맞춰 분류했어요. 조선 말기에 대한제국으로 바뀌었지만 활동한 인물이나 용어 등이 겹치고, 이어지는 경우가 많아 따로 구분하진 않

있습니다. 그리고 조선전기와 후기의 구분은 병자호란 이후를 조선후기로, 조선시대와 일제강점기의 구분은 을사늑약을 기준으로 했습니다. 을사늑약 이후에 주로 활동한 인물은 일제강점기에 포함되어 있습니다.

세부 구성에 나오는 '용어 pick'은 초등과정에서 다뤄지고 있는 용어를 시대별로 분류한 것이에요. 먼저 어떤 용어들이 나오는지 눈으로 익힌 다음, '용어 사전'에서 설명에 맞는 용어를 찾아 쓰도록 했어요. '용어 비교'는 초등과정에서 다뤄지는 용어와 중등과정에서 다뤄지는 용어를 비교하여 공통적으로 쓰이는 용어는 무엇이고, 다르게 수록된 용어는 무엇인지 알 수 있도록 정리한 것이에요. 그리고 중등과정에서 나온 용어들 역시 '용어 사전'으로 설명을 덧붙였어요. '용어 확인'은 '용어 사전'에 나왔던 내용을 되짚어보도록 했으며 '용어 활용'은 문장에 잘못 쓰인 용어를 바로잡고, 제시한 용어를 이용하여 문장을 만들면서 익히도록 했어요. 마지막으로 일기를 통해 그 시대를 상상해 보도록 구성했습니다. 또한 각 시대가 끝나면 그 시대에 활약한 인물을 모아 용어와 같은 형식으로 구성했습니다. 1권은 선사시대부터 고려시대까지, 2권은 조선시대부터 일제강점기까지를 다루고 있습니다.
재미있는 역사 이야기도, 유물·유적 사진 한 장 없는 책이지만 역사 공부를 쉽게 하기 위한 과정, 역사책을 재미있게 읽기 위한 과정이라 여기고 꼼꼼히 하나하나 익혀나가길 바랍니다.

정상우

❖차례❖

노출과 반복으로 역사 용어에 익숙해지기!

1. 용어 Pick

학습할 역사 용어를 한 자 한 자 찬찬히 들여다보며 소리 내어 읽기.

2. 용어 사전

뜻풀이를 먼저 읽고 보기를 참고하여 용어를 찾아 쓰고 뜻 익히기.

3. 용어 확인

예시문에 알맞은 용어를 찾아 쓰면서 용어의 의미 이해 하기.

4. 용어 활용

학습한 용어를 내 것으로 만들기 위해 폭넓은 상황에 적용 및 활용하기.

*역사 인물도 같은 형식으로 구성했습니다.

석기시대 - 구석기와 신석기

❖용어 pick

선사시대, 뼈바늘, 유적, 가락바퀴, 빗살무늬토기, 간석기
구석기시대, 뗀석기, 패총, 움집, 신석기시대

용어 사전

▨▨▨▨	실을 잣는 데 쓰이는 가락(실을 감는 나무나 쇠가락)에 끼워 회전을 돕는 바퀴이다. 방추차라고도 한다.
▨▨▨	돌을 갈아 만든 도구로 돌도끼, 돌보습, 돌괭이 등이 있다. 신석기시대 때 사용했던 도구이다. 돌을 깨뜨리거나 떼어내서 만든 도구보다 한 단계 발전한 것이다.
▨▨▨▨▨	인류가 처음으로 나타난 시기부터 약 1만 년 전에 신석기시대가 시작되기 전까지 돌을 깨뜨려 도구를 만들어 사용하던 시기이다. 인류 역사의 대부분을 차지하고 있는 시기이다.
▨▨▨	돌을 원하는 모양으로 깨뜨리거나 떼어내서 만든 도구로 주먹도끼, 긁개, 밀개, 찌르개 등이 있다. 경기도 연천에서 아슐리안식 주먹도끼가 발견되어 오래전부터 우리나라에 사람들이 거주했음을 증명해주고 있다.
▨▨	선사시대 사람들이 남긴 조개더미유적이다. 부산광역시 영도구 동삼동 유적이 대표적으로, 이곳에서 조개껍데기 가면, 팔찌 등 몸을 꾸미는 장신구, 낚시도구 등이 많이 출토되었다.
▨▨▨▨▨▨	바닥이 뾰족한 모양을 한 흙으로 만든 그릇이다. 표면에 빗살 모양이 새겨져 있는 신석기시대를 대표하는 토기이다. 빗살무늬는 '비' 또는 '물결'을 상징한다고도 하고, 갈라짐을 방지하기 위한 것이라는 등 다양한 해석이 나오고 있다.

░░░	동물의 뼈로 만든 바늘이다. 옷이나 그물 제작을 하는 데 사용했고, 낚시 도구로도 이용했다.
░░	옛날 사람들이 살았던 흔적이 남아 있는 것으로 형태가 크며 위치를 바꿀 수 없는 무덤이나 주거지 등을 말한다. 서울 암사동에 남아 있는 것은 신석기시대를 대표하는 곳으로 움집터 등이 남아 있어 신석기시대 사람들 생활모습을 엿볼 수 있다.
░░	신석기시대를 대표하는 주거지로 구덩이집이라는 뜻이다. 80㎝~100㎝ 정도 깊이로 땅을 파고 기둥을 세운 뒤 지붕을 덮어 만든 집이다. 바닥은 정사각형 모양이고 가운데에 화덕이 있다.
░░░░	기록이 남아 있지 않은 시대를 말한다. 문자가 발명되지 않아 문자로 역사적 사실을 기록하기 이전 시대를 말한다. 문자로 역사적 사실을 기록하기 시작한 시대는 역사시대라고 한다.
░░░░░	인류가 돌을 갈아 만든 간석기를 도구로 사용한 시기를 말한다. 돌을 도구로 사용한 시대는 돌을 깨뜨려 만든 도구인 뗀석기를 사용한 구석기시대와 이 시대로 구분한다.

❖용어 비교

	초등	중등
공통 수록	가락바퀴, 간석기, 구석기시대, 뗀석기, 빗살무늬 토기, 움집, 신석기시대, 유적, 선사시대	가락바퀴, 간석기, 구석기시대, 뗀석기, 빗살무늬 토기, 움집, 신석기시대, 유적, 선사시대
개별 수록	패총, 뼈바늘	신석기혁명, 긁개, 덧무늬토기, 흥수아이 주먹도끼, 찍개, 슴베찌르개 울주 대곡리 반구대 암각화 유적

용어 사전

구석기시대에 사용한 뗀석기 가운데 가장 널리 사용한 것으로 주먹에 쥐고 도끼처럼 사용할 수 있어 이름이 붙여졌다. 가죽을 찢거나 동물의 살을 자르거나 땅을 파는 등 다양한 부분에서 사용한 도구로 짐작하고 있다. 우리나라는 경기도 연천에서 발견된 것이 가장 오래된 구석기 유적으로 인정받고 있다.

구석기시대에 사용한 뗀석기 가운데 하나로 고기나 동물 가죽을 손질할 때 사용한 도구로 짐작하고 있다.

구석기시대에 사용한 뗀석기 가운데 하나로 식물의 가지를 끊거나 동물의 살을 자르는 데 사용한 도구로 짐작하고 있다.

구석기시대에 사용한 뗀석기 가운데 하나이다. 슴베가 달린 찌르개로 창처럼 만들어서 사냥이나 가죽에 구멍을 뚫을 때 사용한 도구로 짐작하고 있다. 슴베는 이음새부분을 말하는 것으로 자루에 박거나 긴 막대기에 연결하기 위한 것이다.

신석기시대에 사용한 토기 가운데 하나로 토기를 만든 다음 장식을 덧붙인 토기를 말한다.

▢▢▢▢▢	인류는 농사를 짓기 시작하면서 이동생활을 멈추고 한 곳에 모여 사는 정착생활이 가능해졌다. 이로 인해 만들어진 생활양식의 커다란 변화를 말한다. 신석기농업혁명이라고도 한다.
▢▢▢▢▢ ▢▢▢ ▢▢▢▢ ▢▢	울산광역시 울주군 언양읍 대곡리에 있는 바위그림 유적이다. 반구대는 거북이 형상을 닮은 모양, 암각화는 바위에 새긴 그림이라는 뜻이다. 신석기시대부터 청동기시대까지 생활모습을 알 수 있는 그림들이 새겨져 있다.
▢▢▢▢	충청북도 청주시 두루봉 동굴에서 발견된 약 4만 년 전 구석기시대 아이 화석이다. 나이는 5살 정도로 추정되며, 발견자인 김흥수씨 이름을 따서 붙인 이름이다.

 돌발정리

위에서 설명한 유물과 유적을 구석기시대와 신석기시대로 구분해 보세요.

구석기시대 유물, 유적	
신석기시대 유물, 유적	

빗살무늬토기, 뼈바늘, 구석기시대, 선사시대, 신석기시대
뗀석기, 패총, 가락바퀴, 간석기, 유적, 움집

1 선사시대 사람들은 (   )로 실을 뽑아 옷을 지어 입었다.

2 돌도끼, 돌괭이, 갈돌과 갈판 등은 돌을 갈아 만든 도구로 (   )라 부른다.

3 인류가 동굴에서 살며 이동생활을 했던 시기를 (   )라고 한다.

4 주먹도끼, 슴베찌르개, 긁개, 밀개 등은 돌을 깨뜨려서 만든 도구로 (   )라 부른다.

5 신석기시대 사람들은 강주변이나 바닷가에 정착했는데, (   )은 바닷가에 정착해 살았다는 것을 보여주는 대표적인 곳이다.

6 곡식을 수확하거나 보관, 음식물을 조리할 때 (   )를 이용했다.

7 동물 가죽을 (   )로 엮어서 옷을 만들어 입었다.

8 서울 강동구 암사동에는 신석기시대 사람이 살았던 흔적인 (   )이 있다.

9 신석기시대 사람들은 구덩이를 파고 기둥을 세워 만든 (   )에서 생활했다.

10 문자 기록이 남아 있느냐 없느냐에 따라 (   )와 역사시대로 구분한다.

11 구석기시대 사람들이 뗀석기를 도구로 사용하였던 것과 달리 (   )사람들은 간석기를 도구로 사용했다.

● 다음 밑줄 친 용어를 상황에 맞게 고쳐 쓰세요.

1 아침 일찍 친구들과 돌도끼를 들고 물고기를 잡으러 갔다. 잡은 물고기를 막대기에 꿰어서 돌아왔다.

_____

2 동네 어른들이 뼈바늘을 가지고 멧돼지 사냥을 갔다. 사냥에 성공해서 오랜만에 고기 맛을 볼 수 있었으면 좋겠다.

_____

3 새로 정착한 동네에 동굴집을 짓는다고 구덩이를 파고 다졌다. 내 방도 있었으면 좋겠는데, 방은 하나밖에 없다.

_____

● 〈보기〉에 나오는 용어를 3개 이상 넣어 문장을 만들어 보세요.

> **보기** 구석기시대, 이동생활, 동굴, 뗀석기, 주먹도끼, 채집

_____

_____

> **보기** 신석기시대, 정착생활, 움집, 간석기, 돌도끼, 농사

_____

_____

● 다음 빈칸에 적당한 용어를 넣어 일기를 완성해 보세요.

아빠가 아침부터 서둘렀다. 지금까지 지냈던 (   )을 떠나 다른 곳으로 (   )한다고 했다. 주먹도끼와 동물 가죽 옷 등을 챙겼다. 또 얼마나 걸어야 할까. 지금 살고 있는 곳에서 먹을거리가 떨어지면 다른 곳으로 옮겨가는 생활, 언제쯤이면 멈출 수 있을까? 이번에 가는 곳은 먹을거리가 풍족했으면 좋겠다.

2 청동기시대와 고조선

❖용어 pick

고조선, 8조법, 농경문청동기, 청동거울, 고인돌, 비파형동검
청동기, 따비, 미송리식토기, 민무늬토기

용어 사전

청동으로 만들어진 거울로 제사의식 때에 주로 사용되었다. 거울 뒷면
장식 모양에 따라 거친 무늬 또는 잔무늬 등으로 구분하고 있다.

청동기시대 대표적인 무덤양식으로 덮개돌과 받침돌로 이루어져 있다.
규모와 제작방식 등으로 미루어 짐작해서 지배자의 무덤으로 추정하고
있다. 탁자형과 바둑판형이 대표적인 유형이며, 인천광역시 강화도, 전
라북도 고창, 전라남도 화순 등에서 많이 발견되었다. 대표적인 유적은
강화도 부근리에 있으며 덮개돌 무게가 50톤에 이른다. 고창화순강화에
있는 유적이 유네스코 세계문화유산으로 지정되었다.

우리 민족이 세운 최초의 나라로 삼국유사 기록에 따르면 기원전 2333
년에 단군왕검이 세웠다고 한다. 단군왕검은 지배자를 부르는 명칭으로
단군은 제사장으로 종교지배자를, 왕검은 정치지배자를 뜻한다. 나라를
다스리는 법률인 8조금법과 건국신화인 단군신화가 전해지고 있다.

고조선에 있었던 법으로 8조법금 또는 8조금법으로 불리기도 한다. 8가
지 조항 가운데 '사람을 죽인 자는 사형에 처한다. 남을 다치게 한 자는
곡식으로 갚는다. 다른 집의 물건을 훔친 자는 도둑맞은 집의 노비가 되
거나 노비를 면하려면 돈 50만전을 내야한다'는 3가지 조항만 전해지고
있다.

한쪽 면에는 밭을 갈고 있는 남자 모습과 새를 잡는 여자 모습이 새겨져 있다. 다른 면에는 새가 나무에 앉아있는 모습이 새겨져 있다. 청동기시대 제사의식 등에 사용된 것으로 추정하고 있다. 대전광역시에서 발견되었다.

청동기시대부터 사용된 것으로 추정하는 논밭을 갈던 농기구이다. 농경문청동기에서 밭을 갈고 있는 남자가 사용하고 있는 농기구이다. 나중에 쟁기 등으로 발전한 것으로 보고 있다.

청동기시대에 사용한 민무늬토기로 평안북도 의주군 미송리에서 처음 발견되어 붙인 이름이다. 양쪽에 손잡이가 달려 있는 것이 특징이다.

청동기시대에 사용한 대표적인 토기이다. 신석기시대에 사용한 빗살무늬토기와 달리 무늬가 없고 바닥이 평평하게 만들어졌다.

청동기시대를 대표하는 유물로 청동으로 만들어진 칼이다. 모양이 옛날 악기인 비파모양과 비슷하다고 해서 붙인 이름이다. 한반도 북부와 만주 일대에서 발견되고 있으며, 고조선 세력범위와 일치하고 있다.

돌이 아닌 청동으로 도구를 만들어 사용하던 시기를 말한다. 청동은 구리와 주석 또는 구리와 아연의 합금으로 만들어진다. 구리의 무른 성질을 보완하기 위해 주석이나 아연을 섞어 단단하게 만들었다. 제사용품이나 장신구, 무기 제작 등에 사용되었으며 농기구는 만들어지지 않았다.

	초등	중등
공통 수록	고인돌, 농경문 청동기, 미송리식토기, 민무늬토기 비파형동검, 8조법, 고조선, 청동기, 청동거울	고인돌, 농경문 청동기, 미송리식토기, 민무늬토기 비파형동검, 8조법, 고조선, 청동기, 청동거울
개별 수록	따비	반달돌칼, 단군왕검, 세형동검, 거푸집, 한4군

용어 사전

▨▨▨	금속을 녹인 다음 부어서 청동기나 철기를 만드는 틀이다. 돌로 만들어진 것이 대부분이고 청동기시대부터 사용되었다. 전국에서 돌로 된 틀이 발견되고 있다.
▨▨▨▨	고조선의 지배자를 부르는 명칭으로 종교지배자인 제사장과 정치 지배자인 왕을 합친 말이다. 이 명칭을 통해 고조선은 한 사람이 종교와 정치를 모두 지배하는 제정일치 사회였음을 알 수 있다.
▨▨▨▨	청동기시대에 사용된 대표적인 농기구이다. 이삭을 따거나 곡식을 베는 데에 사용한 반달모양의 석기이다. 청동기시대에도 농기구는 여전히 돌로 만든 석기를 사용하였다.
▨▨▨▨	비파형동검에 비해 가늘게 만들어진 청동기시대 칼이다. 현재까지 약 400점이 출토되었으며 한반도에서도 독자적인 청동기 문화가 나타났음을 보여주는 유물이다.
▨▨▨	중국 한나라가 기원전 108년에 고조선을 무너뜨리고 한나라 통치방식에 맞추어 설치한 행정구역이다. 낙랑군, 임둔군, 진번군, 현도군으로 이루어졌다.

청동거울, 고인돌, 고조선, 8조법, 농경문청동기, 미송리식토기
민무늬토기, 비파형동검, 청동기, 단군왕검, 반달돌칼, 세형동검, 한4군

1   구리에 주석이나 아연을 섞어 만든 도구를 (   )라고 한다.

2   단군왕검이 세운 (   )에는 '사람을 죽인자는 사형에 처한다', '남을 다치게 한 자는 곡식으
    로 갚는다', '남의 물건을 훔친 경우 도둑맞은 집의 노비가 되거나, 노비를 면하려면 돈 50만전을 내
    야 한다.' 등의 내용을 담은 법률인 (   )이 있었다.

3   신석기시대엔 빗살무늬토기를, 청동기시대엔 바닥이 평평하고 무늬가 없는 (   )를 주로 이용
    했다. 평안북도 의주군 미송리에서는 양쪽 손잡이가 달린 토기가 발견되어 (   )로 이름 붙여
    졌다.

4   종교지배자인 제사장과 정치지배자인 왕을 합쳐서 부르는 말로, 고조선의 지배자를 부르던 명칭을
    (   )이라고 한다.

5   (   )은 청동기시대에 사용되었던 농기구로 수확할 때 주로 사용되었다. 청동기시대에도 농기
    구는 여전히 석기를 사용했다.

6   (   )은 얼굴을 비추어보는 용도가 아닌 제사의식 때 사용했다.

7   중국 한나라는 기원전 108년에 고조선을 무너뜨리고, 그 지역에 낙랑군, 임둔군, 진번군, 현도군으로 이
    루어진 (   )을 설치했다.

8   대전에서 발견된 (   )에는 따비를 이용해 땅을 가는 모습, 새를 잡는 모습 등이 새겨져 있다.

9   (   )은 청동기시대를 대표하는 칼로 한반도 북부와 만주지역에서 주로 발견되며, 고조선 세력
    범위와 일치하고 있다. 이보다 가늘게 만들어진 (   )은 한반도 지역에서 독자적인 청동기 문화
    가 나타났음을 보여주는 유물이다.

10 (   )은 청동기시대 대표적인 무덤양식이다.

● 다음 밑줄 친 용어를 상황에 맞게 고쳐 쓰세요.

1   마을에 대장간이 생겨, 구리와 주석을 섞은 돌칼을 만든다고 했다. 친구들과 구경을 갔는데, 어른들이
    위험하다며 가까이 오지 못하게 했다.

    _____

2   가을걷이가 끝나자 마을 사람들 모두 모여서 하늘에 제사를 지낸다고 했다. 유리거울을 목에 건 족장
    님 모습이 멋져보였다.

    _____

3   족장님이 돌아가셨다. 모두들 슬픈 가운데서도 장례를 치르고, 독무덤을 만들기에 여념이 없었다.

    _____

● 〈보기〉에 나오는 용어를 3개 이상 넣어 문장을 만들어 보세요.

> **보기** 고조선, 단군왕검, 8조법, 한4군, 비파형동검

_____

_____

> **보기** 청동기시대, 민무늬토기, 반달돌칼, 청동거울, 세형동검

_____

_____

● 다음 빈칸에 적당한 용어를 넣어 일기를 완성해 보세요.

날씨가 더 추워지기 전에 수확을 끝내야 한다며 오늘도 아버지께서 재촉하셨다. 나도 며칠 동안 친
구들과 어울려 놀지도 못하고 계속 수확 일을 돕고 있다. 아버지처럼 멋지게 (   )을 사용하
고 싶은데, 생각만큼 이삭이 잘 잘리지 않았다. 몸집이 좀 더 커지고 힘도 세지면 나도 잘 할 수 있겠
지. 아무튼 움집 한 구석에 곡식이 쌓여 가는 걸 보니 힘은 들지만 기분은 좋다.

3 부족연맹국가

※용어 pick

부족연맹국가는 초등학교 교과서에서는 다루고 있지 않는 시대이다. 고조선 다음에 삼국시대로 바로 넘어가지만 중학교 교과서에는 고조선멸망 이후에 여러 나라의 성장이라는 이름으로 부족연맹국가를 다루고 있다. 그래서 이 장에서는 중학교 교과서에 수록된 용어만 다루고 있다.

※용어 비교

	초등	중등
공통 수록		
개별 수록		책화, 순장, 계루부, 마한, 변한, 부여, 사출도, 삼한, 민며느리제, 소도, 옥저, 진한, 동예, 안라국, 천군

용어 사전

고구려는 처음에 다섯 부족이 힘을 합쳐 세운 나라이다. 계루부, 절노부, 소노부, 관노부, 환노부로 이루어진 5부족 연맹체였다. 이 가운데 주몽이 이끈 ☐☐☐가 왕위를 차지했고, 절노부는 왕비를 배출했다.

오늘날 경기도, 충청도, 전라도 지역에 걸쳐 있었던 나라로 54개 부족국가로 이루어졌다. 이 부족국가 가운데 십제가 주변국들을 통합하면서 백제로 발전해 나갔다.

오늘날 경상남도 지역에 걸쳐 있었던 나라로 12개 부족국가로 이루어졌다. 금관가야, 대가야 등 여러 가야로 발전해 나갔다.

오늘날 경상북도, 강원도 지역에 걸쳐 있었던 나라로 12개 부족국가로 이루어졌다. 사로국이 주변국들을 통합하면서 신라로 발전해 나갔다.

오늘날 만주 지역에 기원전 2세기 무렵 세워진 나라로 5부족 연맹체였다. 목축업이 발달했으며, 매년 12월에 영고라는 제천행사를 지냈다. 기원후 494년 고구려에 통합되었다.

부여는 전국을 5개 구역으로 나누었는데, 왕이 다스리는 지역, 즉 중앙을 중심으로 동서남북 4개의 구역으로 나누어 지배했다. 수도에서 사방으로 통하는 길을 만들고 그 길을 중심으로 형성된 4개 지역을 부르는 명칭이다. 목축업이 발달한 부여는 관직이름에 가축을 넣었는데, 말을 상징하는 마가, 소를 상징하는 우가, 돼지를 상징하는 저가, 개를 상징하는 구가라고 불리는 지배자가 한 지역씩 맡아 다스렸다.

삼국시대 이전 한반도 중남부에 있었던 부족연맹국가인 마한, 진한, 변한을 합쳐서 부르는 말이다. 이들은 각각 삼국시대 백제, 신라, 가야로 성장해갔다. 이 지역은 오월제, 시월제로 불리는 제천행사가 1년에 2차례 있었으며, 제사장인 천군이 다스리는 특별행정구역인 소도가 있었다.

어린 며느리를 맞이한다는 뜻으로 옥저에 있었던 결혼 풍습이다. 남자 집에서 어린 여자 아이를 데려다가 키운 뒤 혼인할 나이가 되면 며느리로 맞이했다. 이때 남자 집에서 일정 금액을 여자 집에 예물로 보냈다고 한다.

삼한 지역에 있었던 특별행정구역으로 제사를 주관하는 제사장인 천군이 다스리는 지역이다. 이곳으로 도망친 죄수는 천군의 허락없이 잡아가지 못하도록 했다. 삼한 지역이 정치와 종교가 분리된 제정분리사회였다는 것을 알 수 있다.

지배층이 죽으면 그를 모실 사람들을 골라 죽여서 함께 묻는 장례풍습이다. 지배층은 죽어서도 살았을 때와 같은 생활을 누려야 한다는 믿음에서 행해졌다. 우리나라뿐만 아니라 그리스, 이집트, 중국, 일본 등에서도 이런 장례 풍습이 이루어졌다.

오늘날 함경도 지역에 있었던 부족연맹국가였다. 중앙집권국가로 발전하지 못했고, 고구려에 통합되었다. 결혼풍습인 민며느리제와 장례풍습인 가족공동묘 방식이 있었다.

부족연맹국가인 동예에 있었던 제도로 부족 사이에 경계선을 정해놓고, 다른 부족이 이 경계선을 넘어 사냥이나 물고기잡이 등을 했을 때 가축 등으로 배상하도록 정해놓은 제도이다.

	오늘날 강원도와 함경도 지역에 있었던 부족연맹국가이다. 중앙집권국가로 발전하지 못했고, 고구려에 통합되었다. 결혼풍습으로는 다른 부족과 혼인하는 족외혼, 하늘에 제사지내는 제천행사인 무천, 배상제도인 책화 등이 있었다.
	삼국시대에 있었던 가야는 여섯 나라로 뭉쳐진 연맹왕국이었다. 오늘날 경상남도 함안 지역에 있었던 아라가야를 부르는 다른 명칭이다.
	삼한 지역에서 하늘신에 대한 제사를 주관한 제사장을 부르는 명칭이다. '소도'라는 특별행정구역을 다스렸다.

 돌발퀴즈

다음은 부족연맹국가와 그 나라의 특징을 써 놓은 것입니다. 서로 관련있는 것끼리 연결해 보세요.

부여 •   • 사출도

옥저 •   • 소도

동예 •   • 책화

삼한 •   • 민며느리제

계루부, 마한, 변한, 부여, 사출도, 삼한, 민며느리제
소도, 순장, 옥저, 진한, 책화, 동예, 안라국, 천군

1 한반도 중남부 지역에 자리 잡은 (   ), (   ), (   )을 합쳐 삼한이라고 부른다.

2 삼한 지역에는 (   )이라고 하는 제사장이 다스리는 특별행정구역인 (   )가 있었다.

3 고구려는 다섯 부족이 힘을 합쳐 세워졌고, 이 가운데 주몽이 이끄는 (   )가 왕위를 이었다.

4 고조선 다음으로 만주 지역에 세워졌던 나라인 (   )는 5세기 말 고구려에 통합되었다.

5 부여는 왕이 다스리는 중앙부와 마가, 우가, 저가, 구가가 다스리는 (   )로 이루어진 5부족 연맹체였다.

6 옥저에는 어린 여자 아이를 데려와 키우다가 성인이 되면 며느리로 맞이하는 결혼 풍습인 (   )가 있었다.

7 초기 국가들은 지배층이 사망하면 죽은 이후에도 똑같이 누리기를 바라는 마음에서 시중들 사람을 골라 함께 묻어주는 (   )을 시행했다.

8 한반도 중북부 지역에 자리 잡은 (   )와 (   )는 왕이 존재하지 않았고, 고구려에 통합되었다.

9 동예에는 부족들 사이에 경계선을 정해놓고, 이 경계선을 넘어 사냥을 하거나 물고기를 잡았을 경우 가축 등으로 배상해 주어야 하는 (   )라는 제도가 있었다.

10 (   )은 경상남도 함안 지역에 있었던 아라가야를 부르는 다른 명칭이다.

● 다음 밑줄 친 용어를 상황에 맞게 고쳐 쓰세요.

1 마한, 진한, 변한을 합쳐 <u>삼국</u>이라고 불렀다.

_____

2 동네 어른들이 다른 부족 땅에 들어가 멧돼지를 잡아왔다. 이 사실이 알려져 <u>민며느리제</u>에 따라 가축
   으로 배상해 주었다.

_____

3 목축업을 중시한 부여는 관직명에 가축 이름을 넣었다. 말을 넣은 마가, 돼지를 넣은 저가, 소를 넣은
   우가, <u>염소</u>를 넣은 구가가 있었다.

_____

● 〈보기〉에 나오는 용어를 3개 이상 넣어 문장을 만들어 보세요.

> **보기** 마한, 변한, 진한, 삼한, 소도, 천군

_____

_____

> **보기** 부여, 사출도, 옥저, 민며느리제, 동예, 책화

_____

_____

● 다음 빈칸에 적당한 용어를 넣어 일기를 완성해 보세요.

족장님이 돌아가시고 장례를 치른 뒤 무덤을 만드는 일이 한창이다. 족장님이 돌아가신 것도 슬픈
일이지만, 슬픈 일은 또 있다. 돌아가신 족장님을 섬기기 위해 스무 명의 마을 사람들이 (   )
을 당하게 된 것이다. 집안의 영광이라고, 하늘의 뜻이라고 따라야 한다지만 기분이 묘하다. 우리 가
족 순서가 돌아오지 않았으면 좋겠다.

4 삼국시대 I

❖용어 pick

가야, 웅진, 율령, 한성, 백제, 목탑, 금성, 사비
신라, 고분, 토성, 석탑

용어 사전

경상남도 일대에 세워졌던 여러 나라를 합쳐서 부르는 이름이다. 이 가운데 김해를 바탕으로 한 금관가야는 기원후 42년 김수로왕이 세웠다고 전해진다. 금관가야는 신라 법흥왕에게 멸망했다. 대가야는 신라 진흥왕에게 멸망했다.

신라시대 수도를 부르는 명칭으로 서라벌과 함께 쓰였다. 오늘날 경상북도 경주시 일대를 말한다.

백제 성왕이 웅진에서 새로운 도읍으로 삼아 천도를 한 곳이다. 백제 마지막 수도로 오늘날 충청남도 부여군 일대를 말한다.

삼국사기 기록에 따르면 기원전 57년 박혁거세가 세운 나라이다. 당나라와 손을 잡고 백제, 고구려를 무너뜨리고 676년 문무왕 때 삼국통일을 이루어 번영을 누리기도 했지만, 935년 경순왕이 고려에 항복하면서 천년 역사를 마감했다.

고구려 장수왕에게 한성을 빼앗기자 백제 문주왕이 남쪽으로 내려가 새로운 수도로 삼은 곳이다. 오늘날 충청남도 공주시 일대로 공산성이 남아 있다.

고대국가에서 제정해 반포한 법률을 말한다. 부족연맹국가에서 중앙집권국가로 변해가면서 통치기반확립과 왕권을 강화하기 위해 행정과 형벌에 관해 정리한 법률이다. 백제는 3세기에 고이왕이 정비했고, 고구려는 4세기에 소수림왕이, 신라는 6세기에 법흥왕이 각각 반포했다.

온조가 세운 백제가 처음 도읍으로 삼은 곳이다. 위례성으로 불리기도 했다. 조선시대에도 같은 지명으로 불렸다.

기원전 18년 고구려에서 내려온 온조가 한강유역에 터를 잡고 세운 나라이다. 4세기 근초고왕 때 전성기를 맞이했으며, 660년 의자왕 때 신라와 당나라 연합군에게 멸망했다.

뜻 자체를 풀이하면 옛날 무덤을 말하지만 고고학적으로 가치가 있는 무덤을 주로 말한다. 고구려가 남긴 것에는 벽화가 많이 그려져 있다. 경상북도 고령 지산동에 남아 있는 것은 가야 역사와 문화를, 덕흥리□□벽화, 수산리□□벽화, 안악□□벽화는 고구려 역사와 문화를 알려주고 있다.

흙으로 쌓은 성을 말한다. 백제가 한강유역에 쌓은 몽촌□□, 풍납□□이 대표적이다.

돌로 만든 탑을 말한다. 현재 남아 있는 탑 대부분이 돌로 만든 탑이다. 백제 때 만든 충청남도 부여의 정림사지오층□□, 전라북도 익산의 미륵사지□□이 남아 있다.

나무로 만든 탑을 말한다. 경상북도 경주에는 신라시대에 만든 높이 80미터가 넘는 황룡사 9층 □□이 있었으나 고려시대 몽골 침입 때 불타고 현재는 주춧돌 흔적만 남아 있다.

	초등	중등
공통 수록	율령, 사비, 신라, 가야, 금성, 웅진, 한성, 백제 고분, 목탑, 석탑, 토성	율령, 사비, 신라, 가야, 금성, 웅진, 한성, 백제 고분, 목탑, 석탑, 토성
개별 수록		시중, 동맹, 태학, 녹읍, 담로, 진골

용어 사전

신라시대부터 고려시대 초기까지 관리들에게 급여 명목으로 지급된 지역(논밭이 포함된 땅)을 말한다. 관리들은 이곳에서 난 생산물과 노동력을 가질 수 있었다.

백제말로 '읍성'을 뜻하며 백제에 있었던 지방행정구역이다. 고구려 장수왕에게 한강유역을 빼앗기자 문주왕은 웅진으로 도읍을 옮겼고, 무령왕은 22□□를 설치하고 왕자 또는 왕족을 책임자로 파견했다.

신라시대 집사부의 장관인 중시를 이름 바꾼 것이다. 집사부는 왕명을 수행하고, 국가 기밀을 관리했던 관청으로 왕권을 뒷받침하는 조직이었다. 오늘날 국무총리와 비슷한 역할을 수행했다.

신라시대 신분제도인 골품제도에서 부모 모두 왕족인 성골 다음으로 높은 계급이다. 부모 가운데 한 명이 왕족인 경우로 높은 관직을 독차지했고 성골이 사라지자 왕위도 이었다.

고구려 소수림왕이 371년에 인재 양성을 목표로 설립한 국립대학이다. 귀족 자제들만 입학할 수 있었으며, 여기서 공부한 뒤 관리가 되었다.

고구려에서 지냈던 제천행사 명칭이다. 한해 농사가 잘 된 것을 기념하는 추수감사절 성격이 강했으며 매년 10월에 진행했다. 하늘에 지내는 제사의식 외에도 사냥대회, 무술대회 등도 함께 치러져 백성들의 단결과 화합을 기원했다. 부여에서 지냈던 제천행사의 명칭은 영고이다.

용어 확인

가야, 금성, 사비, 신라, 웅진, 율령, 한성, 백제, 고분, 토성, 석탑, 목탑

1 삼국시대에는 고구려, 신라, (   ) 그리고 (   )가 있었다.

2 신라 수도는 오늘날 경주로 불리고, 당시에는 서라벌 또는 (   )이라고 불렀다.

3 성왕은 백제를 다시 일으키기 위해 웅진에서 (   )로 도읍을 옮기고, 나라 이름도 남부여로 바꾸었다.

4 박혁거세가 기원전 57년에 세운 나라는 (   )이다.

5 고구려 장수왕의 침입으로 한강유역을 빼앗기자, 백제 문주왕은 (   )을 떠나 (   )으로 도읍을 옮겼다.

6 백제는 고이왕이 3세기에 정비했고, 고구려는 소수림왕이 4세기에, 신라는 법흥왕이 6세기에 각각 (   )을 반포하여 중앙집권국가의 기틀을 다지고, 왕권을 강화했다.

7 백제가 남긴 대표적인 탑으로는 충청남도 부여군에 있는 정림사지5층(   )이 있다.

8 신라에는 높이 80미터가 넘는 황룡사9층(   )이 있었으나, 고려시대 몽골 침입 때 불탔다.

9 백제는 한강유역에 도읍을 정하고 주변에서 구하기 쉬운 재료를 이용하여 평지에 몽촌(   ), 풍납(   ) 등을 쌓았다.

10 고구려가 남긴 문화유산은 (   )에 그려진 벽화가 많다. 이를 통해 고구려의 문화와 생활모습 등을 알 수 있다. 덕흥리, 안악, 수산리 등지에서 발견된 것이 대표적이다.

용어 활용

● 다음 밑줄 친 용어를 상황에 맞게 고쳐 쓰세요.

1   고구려, 백제, 신라가 한강유역을 차지하기 위해 다투었던 시대를 <u>남북국시대</u>라고 한다.

_____

2   백제는 <u>신라</u>의 침략을 받아 도읍을 한성에서 웅진성으로 옮겼다.

_____

3   신라 선덕여왕은 <u>정림사5층석탑</u>을 만들고 나라가 부강해지기를 빌었다.

_____

● 〈보기〉에 나오는 용어를 3개 이상 넣어 문장을 만들어 보세요.

> **보기**   고구려, 고분, 무덤, 벽화, 문화

_____

> **보기**   백제, 토성, 석탑, 웅진, 사비

_____

● 다음 빈칸에 적당한 용어를 넣어 일기를 완성해 보세요.

    옆집 형이 전쟁에 나갔다가 다쳐서 돌아왔다. 우리집은 (   ) 근처에 있는데, 할아버지 때는 백제 땅이었고 지금은 고구려 땅이라고 했다. 얼마 전부터 백제와 고구려 사이에 또 전쟁이 벌어져 동네 형들이 전쟁에 나가게 되었다. 나는 아직 나이가 어려서 나오라고 하지는 않았지만, 끝나지 않으면 내 순서까지 올 것 같다. 솔직히 무섭다. 그냥 서로 사이좋게 지내면 안 될까? 옆집 형이 다쳐서 돌아오는 걸 보니 마음이 무겁다.

5 삼국시대 2

❖용어 pick
고구려, 우산국, 천마총, 순수비, 무용총, 안시성, 판갑옷
공산성, 금관총, 평양성, 화랑도

용어 사전

▨▨▨	삼국사기에 따르면 기원전 37년 주몽이 부여에서 떨어져 나와 졸본성을 도읍 삼아 세운 나라이다.
▨▨▨	백제가 고구려 장수왕의 침략을 받아 도읍을 웅진으로 옮기고 난 뒤 세운 성이다. 충청남도 공주에 있으며, 서울에 있는 백제성인 몽촌토성, 풍납토성과 달리 평지성이 아닌 산성이다.
▨▨▨	경상북도 경주에서 발견된 신라시대 고분으로 무덤 주인이 누구인지는 정확히 알 수 없다. 순금으로 만들어진 머리에 쓰는 관, 허리띠 등이 발견되어 이름 붙여졌다.
▨▨▨	경상북도 울릉도에 있었던 나라이다. 신라 지증왕 때 장군 이사부가 정복하여 신라에 통합시켰다.
▨▨▨	고구려 장수왕이 국내성에서 평양으로 도읍을 옮기는 천도를 단행한 뒤 만들어진 성이다. 졸본성, 국내성에 이은 고구려의 마지막 도읍지이다.
▨▨▨	신라 진흥왕이 만든 청소년 조직으로 대장인 화랑과 이를 따르는 낭도로 이루어졌다. 기존 촌락중심 청소년 조직을 통합하여 국가조직으로 재구성한 것이다. 원광법사가 제정한 규율인 세속오계가 있고, 삼국통일에 크게 이바지했다.

경상북도 경주에서 발견된 신라시대 고분으로 무덤 안에서 하늘을 나는 말이 그려진 말다래가 발견되면서 이름 붙여졌다. 말다래는 장니라고도 하며 말 탄 사람의 옷에 진흙이 튀지 않도록 안장 위에 늘어뜨린 네모난 판 형태의 보호 장비를 말한다.

영토를 넓힌 왕이 새로 개척한 영토를 직접 돌아보고 세운 비석을 말한다. 신라 진흥왕이 한강유역을 정복하고 세운 서울북한산진흥왕□□□가 대표적이다. 이외에도 진흥왕이 세운 창녕신라진흥왕척경비, 황초령비, 마운령비 등이 있다.

중국 길림성 집안현에서 발견된 고구려 고분으로 무덤 주인을 정확히 알 수는 없다. 사냥하는 모습을 그린 수렵도 벽화와 무용하는 모습을 그린 무용도 벽화가 있어 붙여진 이름이다.

고구려 국경에 있던 산성이다. 645년 직접 대군을 이끌고 고구려를 공격해 온 당나라 태종의 침략을 성주 양만춘 장군이 막아낸 곳으로 유명하다.

삼국시대에 군인들이 상체를 보호하기 위해 입었던 갑옷을 말한다. 얇은 철판을 엮어서 만들었다. 가야에서 만들어진 □□□과 투구가 전해지고 있다.

❖용어 비교

	초등	중등
공통 수록	순수비, 화랑도, 천마총, 고구려, 공산성, 우산국 평양성, 안시성, 판갑옷	순수비, 천마도, 화랑도, 고구려, 공산성, 우산국 평양성, 안시성, 판갑옷
개별 수록	금관총, 무용총	독무덤, 마립간, 빈공과, 사로국, 사신도, 상대등 서옥제, 낙랑군, 대가야, 도래인, 칠지도, 훈고학 황룡사, 이사금, 진대법, 차차웅, 거서간

용어 사전

신라 초기에 왕을 부르던 호칭이다. 순서대로 호칭이 변하였으며 1대는 귀한 사람을 뜻하는 □□□, 2대는 제사장을 뜻하는 □□□, 3대에서 16대까지는 연장자를 뜻하는 □□□, 17대에서 21대까지는 대족장을 뜻하는 □□□을 사용하였으며 22대 지증왕 때부터 '왕'이라는 호칭을 사용했다.

중국 한나라가 고조선을 무너뜨린 후 고조선 영토에 설치한 4개의 군현 가운데 하나다. □□□, 임둔군, 진번군, 현도군인데, 마지막까지 남아 있던 이곳을 313년 고구려 미천왕이 쫓아내고 점령했다.

여섯 가야 가운데 하나로 경상북도 고령 일대에 있었던 나라다. 전기 가야 연맹을 주도했던 금관가야가 고구려 공격을 받아 약해지자 후기 가야 연맹을 주도했다. 신라 진흥왕에게 멸망했다.

중국이나 한반도에 있던 나라에서 바다를 건너 일본으로 간 사람들을 말한다. 이들은 주로 5~6세기에 이동하였으며 선진기술과 문화를 일본에 전해주었다.

나무, 돌 등으로 만든 관 대신에 큰 항아리에 시신을 넣어 만든 무덤이다. 큰 항아리 하나에 시신을 넣고 뚜껑을 덮거나 항아리 두 개를 이어 만들기도 했다.

중국에서 외국인을 위해 시행한 과거제도이다. 당나라 때 처음 생겨났고 명나라 때 폐지했다. 우리나라 유학생들이 많이 합격해 중국에서 관리로 일하기도 했다.

부족연맹국가시대 진한에 있었던 12개 나라 가운데 하나였다. 나중에 신라로 발전했다.

동서남북의 방위를 상징하는 수호신 동물을 그린 것이다. 동쪽에 청룡, 서쪽에 백호, 남쪽에 주작, 북쪽에 현무를 그렸다. 고구려 고분벽화에서 주로 발견되고, 강서고분이 대표적이다.

신라에 있었던 관직 가운데 가장 높은 관직이었다. 귀족회의인 화백회의를 이끌었으며 귀족을 대표해서 왕권을 견제하는 역할을 했다.

고구려에 있었던 결혼풍습으로 데릴사위제라고도 불렀다. 서옥은 사위 집이라는 뜻으로 남자가 결혼한 뒤 처가에 작은 집을 짓고 일정기간 살다가 남자 집으로 돌아가 사는 결혼풍습을 말한다.

고구려 고국천왕이 재상 을파소의 건의를 받아들여 빈민(가난한 백성)을 구제하기 위해 실시한 정책이다. 봄에 곡식을 빌려주었다가 가을에 수확한 뒤 갚도록 한 제도이다.

중국 한나라 때 발전한 학문으로 주로 유교경전에 쓰인 내용을 해석하는 데 집중한 학문이다.

경상북도 경주에 터가 남아 있는 사찰로 신라 진흥왕이 세웠다. 새로운 궁궐을 지으려고 했으나 황룡이 나타나 계획을 변경하여 절을 지었다. 나중에 선덕여왕이 9층 목탑도 세웠다. 하지만 절과 목탑은 고려시대 몽골 침략 때 불탔다.

가지가 일곱 개인 칼로 백제 왕세자가 왜왕에게 전한다는 내용이 새겨져 있다. 백제 근초고왕 시절에 만들어져 일본에 전한 것으로 추정하고 있다. 당시 백제와 일본의 관계를 짐작할 수 있는 중요한 유물이다.

금관총, 우산국, 화랑도, 천마총, 순수비
평양성, 고구려, 공산성, 무용총, 안시성, 판갑옷

1 부여에서 도망쳐 나온 주몽은 기원전 37년에 새로운 나라 (   )를 세웠다.

2 백제는 고구려 장수왕의 공격으로 한성을 빼앗기고 도읍을 웅진으로 옮긴 뒤 (   )을 쌓았다.

3 고구려 장수왕은 도읍을 국내성에서 평양으로 옮긴 뒤 (   )을 쌓았다.

4 경주에서 발견된 신라시대 고분으로 무덤 주인이 누구인지는 정확히 알 수 없으나 머리에 쓰는 순금 관이 발견되어 (   )으로 부른다.

5 울릉도에 있었던 나라로 (   )로 불렸으나, 신라 지증왕 때 이사부 장군이 정복하여 신라에 통 합시켰다.

6 신라 진흥왕은 기존 청소년 조직을 통합하여 국가조직인 (   )를 만들었다. 이들은 신라가 삼국 통일을 하는 데 큰 기여를 했다.

7 경주에서 발견된 신라시대 고분으로 무덤 주인이 누구인지는 정확히 알 수 없으나 무덤 안에서 하늘을 나는 말이 그려진 말다래가 발견되면서 (   )이라 이름 붙여졌다.

8 신라 진흥왕이 영토를 크게 넓히고 자신이 직접 둘러 본 다음 여러 곳에 (   )를 세웠다. 한강 유역을 정복하고 세운 것이 대표적이다.

9 중국 길림성 집안현에서 발견된 고구려 고분으로 무덤 주인을 정확히 알 수는 없으나 무용하는 모습을 그린 무용도 벽화가 있어 (   )이라고 이름 붙여졌다.

10 고구려 양만춘 장군이 645년 당나라의 공격을 막아내고 크게 승리한 전투가 (   )전투이다.

11 얇은 철판을 엮어서 만든 갑옷으로 삼국시대에 군인들이 상체를 보호하기 위해 입었던 갑옷을 (   )이라고 한다.

용어 활용

● 다음 밑줄 친 용어를 상황에 맞게 고쳐 쓰세요.

1   고구려 양만춘 장군은 당나라가 침략해 오자 <u>평양성</u>에서 백성들과 함께 당나라군을 잘 막아냈다.

_____

2   신라 <u>지증왕</u>은 화랑도를 국가조직으로 만들었다. 이들은 신라가 삼국 통일을 이루는 데 크게 기여했다.

_____

3   백제는 고구려 장수왕이 침략해 오자 도읍을 웅진으로 옮기고, 새롭게 <u>몽촌토성</u>을 쌓았다.

_____

● 〈보기〉에 나오는 용어를 3개 이상 넣어 문장을 만들어 보세요.

> **보기**   진흥왕, 화랑도, 순수비, 우산국, 지증왕, 황룡사

_____

> **보기**   고구려, 안시성, 평양성, 장수왕, 양만춘, 서옥제

_____

● 다음 빈칸에 적당한 용어를 넣어 일기를 완성해 보세요.

마을주민 모두가 긴장했다. 당나라 황제 태종이 직접 군사를 이끌고 (   )으로 오고 있다고 했다. 당나라 군대에 비해 우리는 군사 숫자도, 무기도 비교가 안 되었지만 양만춘 장군 지휘 아래 삶의 터전을 지키겠다는 한마음 한뜻으로 뭉쳤다. 엄마, 아빠가 동생 잘 돌보라고 했지만 동생에게 집 밖으로 나오지 말라고 신신당부했다. 그다음 친구들과 이곳저곳을 다니며 심부름을 했다. 작은 힘이라도 보탤 수 있다는 게 기쁜 하루였다.

6

삼국시대 3

❖용어 pick

민간신앙, 신분제도, 살수대첩, 오녀산성, 금동연가7년명여래입상
무령왕릉, 광개토대왕릉비, 충주고구려비, 연천호로고루, 모전석탑

용어 사전

	고구려 을지문덕 장군이 612년 침략해 온 중국 수나라군을 살수에서 크게 무찌른 전투이다.
	중국 랴오닝성에 위치한 산성으로 주몽이 처음 고구려를 세운 졸본성으로 추정하고 있는 곳이다.
	오래전부터 백성들 사이에서 널리 퍼져 믿고 의지하던 신앙을 말한다. 이상하게 생긴 바위나 나이가 많은 나무 등에게 소원을 비는 행위 등이다.
	태어날 때의 출신성분에 따라서 계급을 나누는 제도이다. 신라에는 골품제도가 있었다. 고조선에도 8조법 내용에 '노비로 삼는다'는 내용이 있는 것으로 보아 청동기시대부터 이 제도가 생겨난 것으로 짐작하고 있다.
	충청남도 공주시 송산리 고분군 내에 있는 백제 무령왕과 왕비의 무덤이다. 중국 남조의 영향을 받은 벽돌무덤으로 묘지석이 발견되어 무덤의 주인이 알려졌다. 이곳에서 나온 3천여 점에 이르는 유물이 백제 문화를 잘 알려주고 있다.
	고구려 장수왕이 아버지인 광개토대왕의 업적을 기리기 위해 세운 비석이다. 414년에 만들어졌으며, 높이 6.4미터, 너비 1.35~2미터에 이르는 우리나라 최대 크기의 비석이다.

 	고구려에서 만들어진 불상으로 경상남도 의령에서 발견되었다. 신라영토에서 발견되었지만 고구려 연호가 새겨져 있어 고구려 불상이라는 것을 알 수 있다.
 	고구려 장수왕이 세운 비석으로 고구려가 한강 이남까지 영토를 넓혔었다는 것을 보여주는 증거이다. 높이는 2.03미터, 폭은 0.55미터이다. 5세기에 세워진 이 비석은 남한에서 발견된 유일한 고구려 비석이며, 당시 삼국 관계 연구에 중요한 자료가 되고 있다.
 	경기도 연천군에 있는 고구려 성곽이다. 임진강을 끼고 있으며 서울과 개성을 연결하는 길목에 위치해 있다. 명칭에 대해서는 두 가지 의견이 나오고 있다. 하나는 이 지역이 조롱박처럼 생긴 것에서 유래했다는 의견과 고을을 뜻하는 호로와 성을 뜻하는 구루가 합쳐져서 되었다는 의견이 있다.
 	돌을 벽돌모양으로 다듬어 쌓은 탑이다. 탑 형식은 나무로 만든 목탑, 돌로 만든 석탑, 벽돌로 쌓은 전탑 등이 있다. 경주에 있는 분황사□□□□이 가장 오래되었고, 대표적이다. 분황사는 신라 선덕여왕이 세운 절이다.

	초등	중등
공통 수록	살수대첩, 금동연가7년명여래입상, 충주고구려비 광개토대왕릉비, 무령왕릉, 모전석탑	살수대첩, 금동연가7년명여래입상, 충주고구려비 광개토대왕릉비, 무령왕릉, 모전석탑
개별 수록	오녀산성, 민간신앙, 신분제도, 연천호로고루	기벌포전투, 임신서기석, 호우명 그릇 웅진도독부, 골품제도, 금관가야, 나제동맹 선민사상, 오경박사, 풍납토성, 화백회의

용어 사전

신라에 있었던 신분제도이다. 골과 두품으로 이루어져 있으며 골은 왕족을, 두품은 나머지 귀족을 말한다. 이 제도는 자신의 골품에 따라 관직 진출, 옷의 색깔, 집의 크기 등등 사회 및 일상생활 전체가 정해졌다. 왕족인 골은 직접 왕위를 이어받는 성골과 높은 관직을 차지하는 진골로 나뉘어져 있었는데, 진덕여왕을 끝으로 성골이 사라지자 진골이 왕위를 잇게 되었다. 진골 가운데 처음 왕위를 이은 사람은 태종 무열왕 김춘추이다. 두품은 6, 5, 4 두품으로 이루어졌고, 6두품이 가장 높다.

가야연맹 가운데 한 나라로 김수로왕이 세웠다. 경상남도 김해를 중심으로 세력을 유지했으며 전기 가야연맹을 이끌었다. 고구려 광개토대왕이 신라 내물왕의 요청으로 왜구를 물리치고, 이 나라도 공격하여 세력이 약해졌다. 후기가야연맹 주도권이 대가야로 넘어갔으며, 532년 신라 법흥왕에게 항복해 신라에 편입되었다. 항복한 왕은 김유신의 증조할아버지이며, 이들은 신라 진골귀족이 되었다.

신라와 백제가 맺은 동맹이다. 고구려 장수왕이 남쪽으로 세력을 확대해 오자 백제 비유왕과 신라 눌지왕이 433년에 힘을 합쳐 고구려에 대항하기 위해 맺은 동맹이다. 백년이상 이어지던 동맹관계는 신라 진흥왕이 백제 성왕과 함께 고구려를 공격하여 얻은 한강유역을 약속과 달리 독차지하면서 깨졌다.

자신이 속한 집단이나 민족이 선택받은 민족이라고 믿는 사상이다. 자신이 속한 집단은 우월한 민족이며, 신적 존재에게 보호받는다고 믿는 것이다. 대부분의 건국신화가 이를 바탕으로 만들어졌다.

백제에 있었던 관직으로 다섯 가지 유교 경전에 통달한 사람들을 부르는 명칭이다. 오경은 〈시경〉, 〈서경〉, 〈역경〉, 〈예기〉, 〈춘추〉를 말하며, 이들은 유학교육을 담당했던 것으로 추정하고 있다.

서울시 송파구 풍납동에 있는 백제 유적이다. 흙으로 만들어진 평지성이며, 한강변에 위치해 있다. 현재 약 2.1킬로미터의 성벽이 남아 있으나 주거지가 형성되어 있어 발굴 및 조사가 쉽지 않은 상황이다.

신라시대에 있었던 정책 결정기구이다. 나라에 중요한 일이 있을 때 회의를 통해 결정했으며, 모두가 동의해야 일을 진행하는 만장일치제 방식이었다. 진골 귀족 이상 계급에게 참가 자격이 주어졌다.

신라 해군이 당나라 해군에 맞서 싸워 크게 이긴 전투이다. 676년 신라 문무왕은 이 전쟁을 승리로 이끌면서 나당전쟁에서 이기고 당나라군을 대동강 이북으로 몰아냈다. 나당전쟁은 백제와 고구려가 나당연합군에게 무너지고 난 뒤 당나라가 한반도 전체를 차지하려고 하자 신라와 당나라 사이에 벌어진 전쟁이다.

신라의 두 청년이 약속하는 내용을 새긴 비석이다. 이들은 나라에 충성하고 유교 경전 공부를 열심히 하겠다는 내용을 서로 다짐했다. 길이는 약 34센티미터, 너비는 약 11센티미터, 두께는 약 2센티미터로 모두 74자가 새겨져 있다.

신라시대 고분에서 발견된 그릇이다. 고분의 이름은 무덤의 주인이 누구인지 정확하게 알 수 없어 고구려 광개토대왕을 기념하는 글자가 새겨진 청동 그릇이 발견되어 이름 붙여졌다. 당시 신라와 고구려의 관계 및 고구려 금속공예를 연구하는 중요한 자료가 되고 있다.

백제가 나당연합군에게 무너진 뒤 당나라가 백제 땅에 설치한 기관이다. 당나라는 백제 땅 뿐만 아니라 고구려 땅에도 안동도호부를 설치하여 직접 지배를 하려고 했다. 신라에는 계림도독부를 설치했다. 나당전쟁에서 패하면서 대동강 이북으로 물러났다.

연천호로고루, 모전석탑, 광개토대왕릉비, 금동연가7년명여래입상
민간신앙, 신분제도, 무령왕릉, 충주고구려비, 살수대첩, 오녀산성

1 을지문덕 장군이 612년 고구려를 침략해 온 중국 수나라군대를 살수에서 크게 무찌른 전투를
(   )이라고 한다.

2 주몽이 터전을 잡고 고구려를 세운 졸본성으로 추정되고 있는 곳은 중국 랴오닝성에 위치한
(   )이다.

3 오래전부터 백성들 사이에서 널리 퍼져 믿고 의지하던 신앙을 (   )이라고 한다. 이상하게 생긴
바위나 나이가 많은 나무 등에게 소원을 비는 행위 등을 말한다.

4 태어날 때의 출신성분에 따라서 계급을 나누는 제도를 (   )라고 한다. 신라에는 골품제도가 있
었고, 고조선 8조법에도 이와 관련한 내용이 남아 있다.

5 충청남도 공주시 송산리 고분군 내에 있는 백제 무령왕과 왕비의 무덤인 (   )은 중국 남조의
영향을 받은 벽돌무덤으로 묘지석이 발견되어 주인을 알 수 있었다.

6 고구려 장수왕이 아버지인 광개토대왕의 업적을 기리기 위해 세운 비석이 (   )다. 현재 중국
집안현에 위치해 있으며 높이 6.4미터, 너비 1.35~2미터에 이르는 우리나라 최대 크기의 비석이다.

7 고구려에서 만들어진 불상으로 경상남도 의령에서 발견된 (   )은 고구려 연호가 새겨져 있고,
국내에서 발견된 유일한 고구려 불상이다.

8 고구려 장수왕이 세운 비석인 (   )는 고구려가 한강 이남까지 영토를 넓혔었다는 것을 보여주
는 증거이다.

9 경기도 연천군에 있는 고구려 성곽인 (   )는 임진강을 끼고 있으며 서울과 개성을 연결하는
길목에 위치해 있다.

10 돌을 벽돌모양으로 다듬어 쌓은 탑을 (   )이라고 한다. 경주 분황사에 있는 (   )이 대
표적인 이 탑 형식이다.

● 다음 밑줄 친 용어를 상황에 맞게 고쳐 쓰세요.

1 충청북도 충주로 친구들과 간 역사답사에서 <u>광개토대왕릉비</u>를 보고 당시 신라와 고구려의 관계에 대해 알 수 있었다.

_____

2 충청남도 공주시 송산리 고분군에서 온전한 형태의 <u>근초고왕</u> 무덤이 발굴되면서, 이곳에서 나온 문화재 3천여 점은 백제 문화를 알려주는 중요한 문화유산이다.

_____

3 신라에는 <u>양천제도</u>라고 불리는 신분제도가 있었다. 태어날 때부터 정해진 신분에 따라 입는 옷의 색깔, 집의 크기, 관직 등 생활 전반에 걸쳐 영향을 받았다.

_____

● 〈보기〉에 나오는 용어를 3개 이상 넣어 문장을 만들어 보세요.

> **보기** 광개토대왕릉비, 충주 고구려비, 연천호로고루, 금동연가7년명여래입상, 살수대첩

_____

_____

> **보기** 오경박사, 무령왕릉, 나제동맹, 웅진도독부, 풍납토성

_____

_____

● 다음 빈칸에 적당한 용어를 넣어 일기를 완성해 보세요.

얼마 전 고구려군대가 우리 마을을 공격했다. 우리나라 병사들도 열심히 싸웠지만, 고구려 군대를 막아내지 못했다. 결국 우리나라 백제는 한강유역을 고구려에 빼앗기고 도읍을 웅진으로 옮겼다. 고구려 장수왕이 내가 살던 마을에 (   )라는 비석을 세워, 이제는 고구려 영토임을 선포했다고 한다. 우리가 다시 힘을 길러 되찾을 수 있었으면 좋겠다.

_____

삼국시대 인물

❖인물 pick

장수왕, 지증왕, 진흥왕, 계백, 의상, 을지문덕, 김유신, 선덕여왕
소수림왕, 광개토대왕, 근초고왕, 원효, 김춘추

인물 사전

백제의 장군이다. 660년 의자왕의 명령으로 5천 결사대를 이끌고 황산
벌 전투에서 신라에 맞서 싸우다 전사했다. 황산벌 전투에서 지고 난 뒤
의자왕은 항복을 하고, 백제는 멸망했지만, 어려운 상황에서도 나라에
대한 충성을 지킨 장군의 이름은 빛나고 있다.

고구려 19대 왕이다. 5세기 고구려 전성기를 이끌었으며 활발한 정복
사업으로 영토를 크게 넓힌 왕이라고 해서 이름 붙여졌다. 원래 이름은
담덕이며, 영락이라는 연호를 사용했다. 영락은 우리나라 역대 왕 가운
데 처음 독자적으로 사용한 연호이며, 중국과 대등하다는 입장을 보여
주었다.

백제 13대 왕이다. 4세기 중반 백제 전성기를 이끌었으며, 371년 고구려
와 맞붙은 평양성 전투에서 고구려 고국원왕을 전사시키고 승리했다.
활발한 정복사업으로 영토를 크게 넓혔으며, 아직기와 왕인 등을 일본
에 보내 앞선 문화를 전해주었다. 또 칠지도를 일왕에게 하사했다.

신라 24대 왕이다. 6세기 중반 신라 전성기를 이끌었으며, 백제 성왕과
함께 고구려를 공격해 차지한 한강유역을 독차지했다. 활발한 정복사업
으로 영토를 크게 넓혔으며, 정복한 지역에 순수비를 세웠다. 대가야를
정복해 신라에 편입시켰다. 화랑도를 국가조직으로 재정비하는 등 삼국
통일 기반을 마련했다.

신라의 장군이다. 금관가야의 왕족 집안이었으나, 증조할아버지인 구해왕이 신라 법흥왕에게 항복함으로써 신라에 병합되었다. 가야출신이라는 한계를 딛고 대장군에 올라 신라가 삼국통일을 이루는데 큰 역할을 했다. 계백이 이끄는 백제 5천 결사대를 맞아 황산벌전투에서 승리했다.

신라 29대 왕이다. 진덕여왕을 끝으로 더 이상 왕위를 이을 성골이 없어지자, 진골 가운데 처음으로 왕위에 오른 사람이다. 신라를 위협하는 백제와 고구려에 맞서기 위해 당나라와 동맹을 맺어 삼국통일 기반을 다졌다. 선덕여왕의 조카이며, 김유신과는 처남, 매부 사이이다.

고구려 17대 왕이다. 백제와 싸운 평양성 전투에서 목숨을 잃은 고국원왕 아들이자, 광개토대왕 큰 아버지이다. 인재를 양성하기 위한 국립대학격인 태학설치, 왕권을 강화하고 민심을 모으기 위한 불교수용, 지배체제 정비를 위한 율령 반포 등 고구려의 기반을 다진 왕이다.

신라 27대 왕이다. 우리나라 역사 뿐 아니라 신라 최초로 왕위에 오른 여성이다. 아버지 진평왕이 죽고 왕위를 이을 성골 남성이 없자 화백회의 결정에 따라 왕위에 올랐다. 황룡사 9층 목탑, 분황사 등을 세워 불교를 널리 퍼트렸다. 그리고 천문관측을 위한 첨성대를 세웠다. 또 김춘추, 김유신 등 여러 인재를 키워 국력을 강하게 만들었다.

신라의 6두품 출신 승려이다. 의상과 함께 당나라로 유학 가던 중 깨달음을 얻고 신라로 다시 돌아온 뒤 불교의 대중화를 위해 노력했다. 요석공주와 혼인해 이두문자를 정리한 설총을 아들로 두었다.

신라의 진골 출신 승려이다. 함께 유학 가던 원효가 중간에 돌아갔지만, 혼자 당나라로 가서 지엄스님에게 배웠다. 신라로 귀국한 뒤 우리나라에 처음으로 화엄종을 퍼트렸다. 부석사, 범어사를 비롯한 많은 사찰을 세우고 3000여 명에 이르는 제자를 키웠다.

고구려의 장군이다. 612년 수나라 양제가 113만 대군을 이끌고 고구려를 침략했다. 이 가운데 수나라 별동대 30만 대군을 살수에서 물리친 살수대첩을 이끈 장군이다. 영양왕 때 활약했으나 태어난 때와 사망한 때는 알려지지 않고 있다.

고구려 20대왕이다. 광개토대왕을 이어 5세기 고구려 전성기를 이끈 왕으로 98세까지 살아 이름 붙여졌다. 78년 동안 왕위에 있으면서 수도를 국내성에서 평양성으로 옮겼고, 남진정책을 추진해 한강유역을 차지했다. 한강 이남까지 영토를 확장한 것을 기념해 충주고구려비를 세웠다. 주변나라들과 외교정책을 잘 펼쳤다.

신라 22대왕이다. 64세에 왕위에 올라 전 분야에 걸친 체제 정비로 나라 기반을 튼튼히 했다. 순장 금지와 우경 실시, 왕 호칭 사용과 나라 이름 신라 확정, 장군 이사부를 보내 우산국을 정벌하고 신라에 병합하는 등 여러 업적을 남겼다.

돌발정리

위에서 설명한 인물들을 나라별로 정리해 보세요.

고구려	
백제	
신라	

❖인물 비교

	초등	중등
공통 수록	광개토대왕, 근초고왕, 김유신, 김춘추, 선덕여왕 소수림왕, 원효, 의상, 을지문덕, 장수왕, 지증왕 진흥왕, 계백	광개토대왕, 근초고왕, 김유신, 김춘추, 선덕여왕 소수림왕, 원효, 의상, 을지문덕, 장수왕, 지증왕 진흥왕, 계백
개별 수록		검모잠, 고이왕, 내물왕, 담징, 도침, 무령왕 문무왕, 법흥왕, 복신, 성왕, 연개소문, 온조 의자왕, 주몽, 박혁거세, 흑치상지, 태조왕 이차돈, 김수로, 개로왕

인물 사전

660년 백제가 나당연합군에게 무너지고 난 뒤 임존성과 주류성을 근거지로 백제부흥운동을 전개했던 인물들이다.

668년 고구려가 나당연합군에게 무너지고 난 뒤 국내성과 한성을 근거지로 고연무, 안승과 함께 고구려부흥운동을 전개했던 인물이다.

백제 8대왕이다. 3세기 중반 관등제를 마련하고 좌평을 비롯한 관직을 만드는 등 국가체제를 정비하여 중앙집권국가로서 바탕을 다진 왕이다.

신라 17대 왕이다. 대족장을 뜻하는 마립간이라는 칭호를 처음 사용했으며, 박씨와 석씨를 누르고 김씨가 왕위를 독점 세습하도록 만든 왕이다. 왜가 침략해오자 고구려 광개토대왕에게 도움을 요청해 물리쳤다.

고구려의 승려이다. 일본에 건너가 불교 경전을 교육하고 종이, 먹 등을 만드는 법을 알려주었다. 호류사 금당벽화를 그렸으나 화재로 불타고 현재는 다시 그린 그림이 남아 있다.

백제 25대 왕이다. 고구려에게 한강유역을 빼앗기고 웅진으로 천도한 뒤 혼란스러웠던 나라를 재정비하고 왕권을 안정시킨 왕이다. 왕릉 발굴로 무덤 주인이 누구인지 알려진 백제의 유일한 왕이 되었으며, 이곳에서 발굴된 3천여 점에 이르는 유물이 백제문화를 알려주고 있다.

신라 30대 왕이다. 태종 무열왕의 아들로 고구려를 정복하고, 나당전쟁에서 승리해 삼국통일을 이룬 왕이다. 유언에 따라 신문왕이 동해바다 대왕암에 수중릉을 만들었다.

신라 23대 왕이다. 이차돈의 죽음을 계기로 불교를 공인하고 율령을 반포해 왕권을 강화시켰다. 관리의 복장을 정비했고, 금관가야를 병합했다.

백제 26대 왕이다. 백제 중흥을 외치며 수도를 웅진에서 사비로 옮겼고 나라 이름을 남부여로 바꾸었다. 신라 진흥왕과 힘을 합쳐 고구려를 공격해 한강유역을 되찾았다. 하지만 진흥왕이 한강유역을 독차지하자 신라와 싸우다 관산성 전투에서 목숨을 잃었다.

고구려의 장군이다. 당나라를 막기 위해 천리장성을 쌓았으며, 642년 정변을 일으켜 영류왕을 죽이고 보장왕을 세웠다. 스스로 대막리지가 되어 권력을 장악했고, 당나라에 강경한 입장을 유지했다. 살아있는 동안은 당나라 침략을 막아내었으나, 죽고 나자 아들들이 권력다툼을 벌여 고구려 멸망을 앞당겼다는 평가를 받고 있다.

백제의 31대 왕이자 마지막 왕이다. 태자 시절에는 효심과 우애가 깊어 해동증자로 불렸고, 즉위 초에는 고구려와 연합하고 신라를 공격해 영토를 확장하기도 했다. 하지만 후반부로 가면서 정치를 제대로 돌보지 않아 백제 멸망을 앞당긴 것으로 평가받고 있다.

삼국시대에 있었던 나라인 고구려, 백제, 신라, 가야를 각각 세운 인물들이다.

고구려 6대 왕이다. 요서 지방에 성을 쌓아 중국 한나라의 침략에 대비했으며, 옥저를 정복해 고구려 영토로 만들었다. 주변 부족을 통합하고 왕권을 강화했다.

신라 법흥왕 때 불교 공인을 위해 스스로 순교한 사람이다. 법흥왕은 이 사람의 순교를 계기로 불교를 공인했다. 순교내용을 담은 비석인 순교비가 전해지고 있다.

백제 21대 왕이다. 고구려 장수왕이 공격해 왔을 때 막아내지 못하고 죽음을 당했다. 바둑을 좋아해 고구려에서 보낸 첩자 도림의 말에 속아 여러 곳에 토목공사를 벌이는 바람에 백성들 불만이 높았다고 한다. 아들 문주왕은 한성에서 웅진으로 도읍을 옮겼다.

돌발정리

위에서 설명한 인물들을 나라별로 정리해 보세요.

고구려	
백제	
신라	
가야	

인물 확인

계백, 광개토대왕, 근초고왕, 김유신, 김춘추, 선덕여왕, 소수림왕
원효, 의상, 을지문덕, 장수왕, 지증왕, 진흥왕

1 서기 660년 황산벌에서 신라군 5만 명을 이끈 (   )장군과 백제군 5천명을 이끈 (   )장군이 맞서 싸웠다.

2 고구려, 백제, 신라가 서로 경쟁했던 삼국시대는 나라별로 전성기도 달랐다. 백제는 4세기 (   ), 고구려는 5세기 (   ), (   ), 신라는 6세기 (   ) 때 전성기를 누렸다.

3 신라에서는 진덕여왕을 끝으로 더 이상 왕위를 이을 성골이 없어지자, 진골 가운데 처음으로 (   )가 왕위에 올라 태종 무열왕이 되었다.

4 우리나라 역사에서 여성으로는 처음 왕위에 오른 (   )은 황룡사9층 목탑, 분황사 등을 세워 불교를 널리 퍼트리는 데 힘썼다.

5 (   )은 고구려를 강하게 만들기 위해 기존 법과 제도를 정비한 율령을 반포하고, 불교를 공인했다. 또 인재를 키우기 위해 국립대학인 태학도 설치했다.

6 신라의 6두품 출신 승려인 (   )는 당나라로 유학 가던 도중 깨달음을 얻고 돌아와 불교를 대중화시키기 위해 노력했다. 스스로를 낮추고, 모든 것은 마음에 달렸다는 가르침을 전했다.

7 신라의 진골 출신 승려인 (   ) 당나라 유학을 다녀와 많은 제자를 키웠다. 부석사를 비롯한 여러 사찰은 지었고, 우리나라에 불교종파인 화엄종을 퍼트렸다.

8 고구려 장군 (   )은 612년 수나라군대의 침략을 살수에서 크게 이겼다.

9 (   )은 나라 이름을 신라로 정하고, 마립간 대신 왕이라는 호칭을 사용하기 시작했다. 소를 농사에 이용해 농업생산력을 늘렸다. 또 이사부 장군을 보내 우산국을 정벌하고 신라에 편입시켰다.

● 다음 밑줄 친 인물을 설명에 맞게 고쳐 쓰세요.

1 고구려, 백제, 신라가 경쟁한 삼국시대에서 가장 늦게 한강유역을 차지한 나라는 신라이고, <u>신문왕</u> 때
   이다.
   _____

2 백제 <u>근초고왕</u>은 고구려 장수왕의 침략을 받아 한강유역을 빼앗겼다.
   _____

3 고구려 <u>을지문덕</u>은 당나라 침략을 막기 위해 천리장성을 쌓았다.
   _____

● 〈보기〉에 나오는 인물을 3명 이상 넣어 문장을 만들어 보세요.

보기   주몽, 박혁거세, 온조, 김수로

_____

_____

보기   근초고왕, 장수왕, 진흥왕, 고이왕, 소수림왕, 법흥왕

_____

_____

● 다음 빈칸에 알맞은 인물을 넣어 일기를 완성해 보세요.

우리집은 귀족 집안이지만 아직까지 높은 벼슬에 올랐던 사람이 없다. 그래서인지 동네에서 똑똑하
다는 소리를 제법 듣는 나에 대해 집안 어른들이 거는 기대가 크다. 이번에 (   )이 인재 양
성을 목표로 국립대학인 태학을 세우고, 입학생을 뽑고 있다. 집안 어른들의 기대에 밀려 원서를 내
기는 했는데 마음이 조마조마하다. 좋은 결과가 있어야 할 텐데. 꼭 합격해서 열심히 공부하고 높은
관직에도 올라 우리 집안을 빛낼 수 있었으면 좋겠다.

남북국시대와 후삼국시대

❖용어 pick

대릉원, 상경성, 석굴암, 청해진, 금산사, 해동성국, 석가탑, 불국사
석등, 다보탑, 월성, 국학, 발해, 동궁, 팔보유리정, 무구정광대다라니경

용어 사전

▢▢	신라가 삼국통일을 이룬 뒤에 인재 양성을 목표로 설치한 교육기관이다. 신문왕 때 설치했으며 태학감으로 이름이 바뀌기도 했다.
▢▢	698년 고구려 출신 장수 대조영이 고구려 유민들과 말갈족을 모아 세운 나라이다. 10대 선왕 때에는 주변국으로부터 바다 동쪽의 융성한 나라라는 뜻의 ▢▢▢▢이라는 칭호를 얻기도 했다. 926년 거란에 의해 멸망했다.
▢▢▢	신라의 장보고가 해적들로부터 백성들을 보호하기 위해 흥덕왕에게 군사를 얻어 설치한 군사기지이다. 해적을 소탕하고 무역기지로 삼아 중계무역을 전개했다. 오늘날 전라남도 완도이다.
▢▢▢	경주 불국사 대웅전 앞에 있는 탑으로 '불국사 3층석탑'으로도 불린다. 또한 아사달과 아사녀 전설에 따라 '무영탑'으로도 불린다. 탑을 해체, 복원하는 과정에서 현재 남아 있는 가장 오래된 목판인쇄본인 ▢▢▢▢▢▢▢▢▢이 발견되었다.
▢▢▢▢▢	발해 유적 가운데 하나로 상경성에 있는 우물이다. 우물 입구가 팔각형으로 되어 있다. 오늘날에도 마실 수 있을 정도로 맑은 물이 흐르고 있다고 한다.
▢▢	사찰 또는 무덤 등을 밝히는 등불을 놓기 위해 돌로 만든 등이다. 발해의 수도였던 ▢▢▢ 절터에서 발견된 높이 6미터에 이르는 유적이 있다.

경주에 있는 신라시대 궁궐이 있던 자리이다. 땅의 모양이 달을 닮은 것에서 지명이 유래했는데, 반달 모양을 닮았다고 해서 반월성으로 불리기도 했다.

왕조국가 시절 다음 왕위를 이을 왕세자나 황태자를 부르는 이름이자 그가 기거하던 건물을 부르는 이름이기도 했다.

경주에 남아 있는 규모가 가장 큰 신라시대 고분군이다. 천마총, 미추왕릉, 황남대총을 비롯한 23기의 고분이 있다.

경주 토함산에 있는 통일신라 경덕왕 때 만들어진 절로 대표적인 석굴사원이다. 삼국유사에 따르면 경덕왕 때 재상인 김대성이 전생의 부모를 위해 만들었다고 하며, 원래 이름은 석불사였다고 한다.

전라북도 김제시 금산면에 있는 사찰이다. 기록에 따르면 600년 백제 무왕 때 만들어졌다고 한다. 후삼국시절 후백제 견훤이 아들들에 의해 갇히기도 했던 절이다.

경주 토함산에 있는 통일신라시대 경덕왕 때 만들어진 절로 우리나라를 대표하는 사찰이다. 삼국유사에 따르면 경덕왕 때 재상인 김대성이 현생의 부모를 위해 만든 절이라고 한다. 부처님 나라라는 뜻을 가진 이 곳 대웅전 앞에는 석가탑과 □□□이 있다.

	초등	중등
공통 수록	발해, 석등, 동궁, 국학, 상경성, 석굴암, 청해진 석가탑, 불국사, 다보탑, 해동성국, 무구정광대 다라니경	발해, 석등, 동궁, 국학, 상경성, 석굴암, 청해진 석가탑, 불국사, 다보탑, 해동성국, 무구정광대 다라니경
개별 수록	월성, 금산사, 팔보유리정, 대릉원	성덕대왕신종, 왕오천축국전, 9서당10정 9주5소경, 남북국시대, 후고구려, 후백제 집사부, 호족, 신라방, 숙위학생, 신라민정문서 독서삼품과, 이두문자, 정안국

용어 사전

신라가 삼국통일 뒤에 마련한 군사제도이다. 9서당은 중앙군을, 10정은 지방군을 말한다. 중앙군인 9서당은 국왕 직속 부대였으며 기존 신라출신뿐만 아니라 고구려출신, 백제출신 사람들까지 포함시켜 민족통합을 실현하려고 했다.

신라가 삼국통일 뒤에 마련한 지방행정제도이다. 전국을 9주로 나누고, 지방 중심 도시에 작은 수도로 불리는 5소경을 설치했다. 5소경은 북원경, 중원경, 서원경, 남원경, 금관경이다. 삼국통일 뒤 넓어진 영토를 효율적으로 다스리고, 수도인 금성이 한쪽으로 치우친 것을 보완하기 위함이었다.

우리나라 역사 시대구분에서 삼국시대 다음을 말한다. 남쪽에는 신라, 북쪽에는 발해가 함께 있었던 시기로 신라가 삼국통일을 하고 고구려 유민들이 발해를 세운 시기부터 신라가 후고구려, 후백제로 나뉜 후삼국시대 전까지를 말한다.

통일신라시대 때 관리 등용을 위해 시행한 시험이다. 통일 신라의 국립대학인 국학 졸업생을 대상으로 시험을 치르고 등급을 매겨 관리로 등용하는 방식이다. 특품, 중품, 하품으로 구분했으며 주로 육두품이 응시했다.

통일신라 성덕왕을 기리기 위해 경덕왕 때 시작해 혜공왕 때 완성한 범종이다. 현재 남아 있는 종 가운데 규모가 가장 크며, 에밀레종으로 불리기도 한다. 현재는 국립경주박물관 뒤뜰에 전시되어 있다.

통일신라 승려 혜초가 불교 공부를 위해 다섯 천축국을 다녀온 뒤 쓴 기행문이다. 천축국은 오늘날 인도를 말한다. 중국 둔황 석굴 사원에서 프랑스인 탐험가 펠리오가 발견해 현재 프랑스 파리 국립도서관에서 보관하고 있다. 현재까지 남아 있는 8세기 인도와 중앙아시아에 관한 유일한 기록으로 높은 가치를 인정받고 있다.

한자의 음과 뜻을 빌려 우리나라 말을 표기하도록 쓰던 문자이다. 통일신라 신문왕 때 학자 설총이 정리했다. 우리나라 말을 표기할 수 있는 우리 고유의 문자가 없어 중국 한자를 변형해서 실생활에 사용했던 문자이다.

발해 유민들이 세운 나라이다. 926년 발해가 무너지고 나자 일부 유민은 고려로, 일부 유민은 발해 부흥운동을 벌이며 압록강 근처에 새로운 나라를 세웠다. 얼마 지나지 않아 거란이 세운 요나라에 멸망했다.

신라의 왕권을 뒷받침하는 행정관청이다. 삼국통일을 완성한 신라는 왕권을 강화하기 위해 이곳의 책임자인 시중의 권한을 강화했다. 시중은 오늘날 국무총리와 비슷한 역할을 했다. 시중의 권한이 강화되자 귀족 대표인 상대등의 권한이 약화되고 왕권이 강화되었다.

통일 신라 말기에 등장한 지방 세력을 말한다. 진골귀족들의 왕위다툼 등으로 왕실의 힘이 약해지고 지방에 대한 통제력이 약해지자 각 지방에서 경제력과 군사력을 바탕으로 독자적인 세력을 형성한 사람들을 말한다. 왕건, 견훤, 궁예 등이 대표적이며 고려건국의 바탕이 된 세력이다.

중국에 위치한 신라인의 집단 거주지역이다. 신라와 당나라의 교류가 늘어나자 상인, 유학생, 승려 등 신라에서 당나라로 건너 온 많은 사람들이 한 곳에 모여 살게 되면서 생겨난 곳이다. 오늘날 코리아타운과 비슷하다.

통일신라에서 당나라 국립대학인 국자감에 공부하도록 보낸 유학생이다. 공부 기간은 10년이며, 비용 대부분은 나라에서 지원했다. 당나라에서 외국인을 위해 시행하는 과거제도인 빈공과에 합격하고 당나라 관리가 되거나 신라로 돌아오기도 했다.

통일신라에서 작성된 문서로 신라 장적으로 불리기도 한다. 현재는 일본에 있는 절인 도다이사(동대사)가 보관하고 있다. 세금징수를 위한 목적으로 인구, 토지, 가축, 과실나무 등의 내용을 3년마다 작성한 것이다. 현재 전해지는 것은 충청북도 청주 지역의 것으로 당시 신라의 경제 상황을 알려주는 중요한 문서이다.

신라 왕족 출신으로 알려진 궁예가 신라에서 떨어져 나와 세운 나라이다. 궁예는 송악에서 철원으로 도읍을 옮긴 뒤 왕권강화를 하는 과정에서 왕건을 중심으로 한 호족세력에게 쫓겨났다. 궁예를 쫓아내고 왕이 된 왕건은 나라 이름을 고려로 바꾸고, 수도를 송악(개경)으로 옮겼다.

신라 장군 출신인 견훤이 신라에서 떨어져 나와 세운 나라이다. 견훤은 오늘날 전주인 완산주를 도읍으로 정했으며 전라도와 충청도 지역을 기반으로 세력을 형성했다. 하지만 견훤은 왕위계승문제로 신검을 중심으로 한 아들들에게 쫓겨나 왕건에게 투항했다.

> 월성, 국학, 발해, 상경성, 동궁, 대릉원, 석굴암, 청해진, 금산사
> 석가탑, 불국사, 다보탑, 석등, 해동성국, 무구정광대다라니경

1 신라는 삼국통일을 이룬 뒤에 인재 양성을 목표로 (　　　　　)이라는 교육기관을 신문왕 때 설치했다.

2 698년 고구려 출신 장수 대조영이 고구려 유민과 말갈족을 모아 세운 나라 (　　　　)는 10대 선왕
　　때에 전성기를 누리며 다른 나라로부터 바다 동쪽의 융성한 나라라는 뜻의 (　　　　　)칭호를 얻었다.

3 신라의 장보고가 해적들로부터 백성을 보호하기 위해 흥덕왕에게 군사를 얻어 설치한 군사기지인
　　(　　　　)은 해적을 소탕하고, 중계무역 중심지로 성장했다.

4 경주 불국사 대웅전 앞에는 불국사 3층 석탑으로 불리는 (　　　　)과 (　　　　)이 있다. 불국사
　　3층 석탑에서는 현재 남아 있는 가장 오래된 목판인쇄본인 (　　　　)이 발견되었다.

5 사찰 또는 무덤 등을 밝히는 등불을 놓기 위해 돌로 만든 등을 (　　　　)이라고 한다. 발해 수도인
　　(　　　　) 절터에서 발견된 높이 6미터에 이르는 유적이 있다.

6 경주에 있는 신라시대 궁궐 터로 땅의 모양이 달을 닮았다고 해서 (　　　　)이라고 불렸다.

7 다음 왕위를 이를 왕세자나 황태자를 부르는 이름이자 그가 생활하는 건물을 (　　　　)이라고 했다.

8 천마총, 미추왕릉, 황남대총을 비롯한 23기의 고분이 있는 곳으로 경주에 남아 있는 규모가 가장 큰 신
　　라시대 고분군을 (　　　　)이라고 한다.

9 통일신라 경덕왕 때 재상인 김대성이 만든 신라를 대표하는 불교사원이다. (　　　　)는 현생의 부모
　　를 위해, (　　　　)은 전생의 부모를 위해 만들었다고 한다.

10 전라북도 김제시에 있는 사찰인 (　　　　)는 600년 백제 무왕 때 만들어졌다고 하며, 후삼국시절 후
　　백제 견훤이 아들들에 의해 갇히기도 했던 절이다.

● 다음 밑줄 친 용어를 상황에 맞게 고쳐 쓰세요.

1 통일신라 경덕왕 때 재상 김대성은 현생의 부모를 위해 <u>석굴암</u>을, 전생의 부모를 위해 <u>불국사</u>를 지었다고 한다.

_____

2 <u>금산사</u> 대웅전 앞에는 석가탑과 다보탑이 자리잡고 있다.

_____

3 발해 수도인 상경성에서는 높이 6미터에 이르는 대형 <u>석탑</u>과 우물인 팔보유리정이 발견되었다.

_____

● 〈보기〉에 나오는 용어를 3개 이상 넣어 문장을 만들어 보세요.

> **보기** 석굴암, 석가탑, 다보탑, 불국사, 동궁

_____

_____

> **보기** 발해, 해동성국, 석등, 팔보유리정, 상경성

_____

_____

● 다음 빈칸에 적당한 용어를 넣어 일기를 완성해 보세요.

고구려가 무너진 뒤 마을 사람들이 뿔뿔이 흩어졌다고 아버지가 말씀하셨다. 신라로 간 사람, 당나라로 끌려간 사람, 화전민이 된 사람 등등 여러 곳으로 흩어져 이 마을에서 태어나고 자란 아버지가 아는 사람이 별로 없다고 하셨다. 이번에 대조영 장군이 고구려 유민들을 모아 새로운 나라 (   )를 세웠으니 떠났던 사람들이 돌아왔으면 하는 바람을 가진 아버지 소원이 이루어졌으면 좋겠다.

9 남북국시대와 후삼국시대 인물

❖인물 pick

궁예, 선왕, 대조영, 장보고, 정효공주, 경순왕, 견훤

인물 사전

고구려 장수출신으로 발해를 세운 인물이다. 668년 고구려가 무너지고 난 뒤 영주지방으로 끌려가 생활했다. 그러다 거란족의 반란으로 당나라가 혼란해지자 고구려유민을 이끌고 동모산근처로 이동해 발해를 세웠다. 뒤쫓아온 당나라군대를 천문령전투에서 크게 이겼다.

발해 세 번째 임금인 문왕 대흠무의 넷째 딸이다. 1980년 중국 길림성에서 무덤이 발굴되어 생애가 알려졌다. 무덤벽화가 그려져 있어 발해 사람들의 생활모습을 알려주는 중요한 자료가 되고 있다.

남북국시대 신라의 장군이다. 당나라로 건너가 무령군 소장 지위에 올랐으나 신라 백성들이 해적에게 잡혀와 노예로 팔리는 것을 보고 그 문제를 해결하고자 신라로 돌아왔다. 흥덕왕에게 허락받고 전라남도 완도에 청해진을 설치했다. 그 뒤 해적을 소탕해 백성을 보호하고, 당나라와 무역 길을 안전하게 만들어 나라를 부강하게 만들었다. 하지만 왕위쟁탈전에 휘말려 암살당했다.

신라 56대왕으로 마지막 왕이다. 후백제 견훤이 쳐들어와 경애왕을 자결시키고 왕위에 올렸다. 신라의 국력이 많이 약해지고 회복하기 어렵다고 판단되자 고창전투에서 후백제를 누르고 주도권을 가진 고려 왕건에게 항복했다. 신라를 통째로 바치는 것에 큰 아들인 마의태자는 반대했지만, 아버지의 선택을 바꾸지는 못했다.

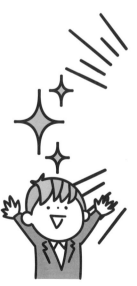

후백제를 세운 인물이다. 고려, 신라, 후백제로 나뉘어 다투던 후삼국에서 신라를 공격해 왕을 바꿀 정도로 주도권을 쥐었으나, 고창전투에서 고려에게 패하면서 세력이 약해졌다. 다음 왕위를 놓고 아들들과 대립하다 쫓겨나 김제에 있는 금산사에 갇혀있다 탈출해서 고려 왕건에게 투항했다.

후고구려를 세운 인물이다. 신라의 왕족이었으나 버려졌다는 사실만 전해질 뿐 정확한 출생에 대해서는 알려지지 않았다. 후고구려를 세운 뒤 왕권을 강화해 중앙집권화를 이루려고 했으나, 왕건을 중심으로 한 호족세력에게 밀려 왕위에서 쫓겨났다.

발해의 10번째 왕으로 전성기를 이끈 사람이다. 영토를 크게 넓혀 전국을 5경15부 62주로 편성한 지방제도를 완성했고, 주변나라로부터 바다 동쪽에 발전한 나라라는 칭호를 가진 해동성국이라는 명칭을 얻었다.

 돌발정리

위에서 설명한 인물 가운데 궁예와 견훤을 제외하고 나머지 인물들을 발해와 통일신라로 정리해 보세요.

발해	
통일신라	

	초등	중등
공통 수록	대조영, 장보고, 정효공주, 경순왕 견훤, 궁예, 선왕	대조영, 장보고, 정효공주, 경순왕 견훤, 궁예, 선왕
개별 수록		김헌창, 무왕, 문왕, 설총, 원종·애노, 최치원 도선, 신문왕, 혜초

인물 사전

남북국시대 신라의 승려이다. 산이나 강의 모양 또는 위치가 인간의 길흉화복에 영향을 미친다는 사상인 풍수지리설을 우리나라에 들여왔다. 왕건이 고려를 세우는 데 큰 영향을 주었다. 〈도선비기〉, 〈송악명당기〉 등이 지은 책으로 알려지고 있다.

신라 31대왕이다. 삼국통일을 이룬 문무왕의 큰 아들로, 통일 이후 나라를 재정비하는데 힘을 기울였다. 진골귀족들이 불만을 표출한 김흠돌의 난을 진압하고, 녹읍을 폐지하는 등 귀족세력을 약화시켜 왕권을 강화했다. 또 국학을 설립해 인재를 키웠다. 그리고 넓어진 영토에 맞게 전국을 9주5소경으로 재정비했다. 아버지 문무왕의 유언에 따라 수중릉을 만들었고, 감은사를 세웠다.

신라 진성여왕 때 농민봉기를 일으킨 주동자들이다. 9세기말 신라는 진골귀족들의 왕위다툼과 지배층의 수탈로 백성들 생활이 매우 어려웠다. 이때 농민 봉기를 이끈 첫 세력으로 기록되어 있으나 자세한 내용은 전해지지 않고 있다.

신라의 학자로 글쓰기 실력이 뛰어났다. 12살에 당나라로 유학을 간 뒤 당나라에서 시행한 외국인을 위한 과거제도인 빈공과에 합격했다. 당나라에서 지내다 신라로 귀국한 뒤 진성여왕에게 나라를 바로잡을 방법인 시무책 10조를 올렸다. 하지만 정치상황이 바뀌지 않자 관직을 버리고 전국을 유랑하다 생을 마감했다.

신라 출신의 승려로 당나라에서 공부하다 인도로 건너갔다. 인도를 여행하고 돌아온 뒤 '왕오천축국전'을 남겼다. 8세기 인도와 중앙아시아 지역의 문화와 풍습을 알 수 있는 중요한 기록물로 꼽히고 있다.

신라의 학자로 원효대사의 아들이다. 골품제도에서 6두품에 속했다. 한자의 음과 뜻을 빌려 우리말을 표기하던 이두 문자를 정리하고 발전시킨 인물이다.

신라 헌덕왕 때인 822년을 반란을 일으킨 주동자다. 그는 태종무열왕의 후손으로 진골귀족이었다. 아버지 김주원이 왕위계승자였으나 왕위를 이어받지 못하자 불만을 품고 있다가 난을 일으켰다. 9세기 중반이후 지방 세력들이 독자 세력화하는 데 영향을 미쳤다.

대조영의 아들로 발해의 2번째 왕이며, 이름은 대무예이다. '인안'이라는 독자적인 연호를 사용했다. 또 당나라와 대립해 장문휴 장군을 시켜 해군을 이끌고 당나라 등주성을 공격하도록 했다.

무왕의 아들로 발해의 3번째 왕이며, 이름은 대흠무이다. '대흥, '보력' 등의 독자적인 연호를 사용했다. 당나라와 대립관계에서 벗어나 문물 교류를 시작하고 적극적으로 받아들였다. 또 일본에도 여러 차례 사신을 보냈고 그때 보낸 외교문서가 전해지고 있다.

 돌발정리

위에서 설명한 남북국시대 인물을 발해와 통일신라로 구분해서 정리해 보세요.

발해	
통일신라	

인물 확인

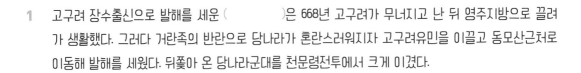

대조영, 장보고, 정효공주, 경순왕, 견훤, 궁예, 선왕

1 고구려 장수출신으로 발해를 세운 (　　　　　)은 668년 고구려가 무너지고 난 뒤 영주지방으로 끌려가 생활했다. 그러다 거란족의 반란으로 당나라가 혼란스러워지자 고구려유민을 이끌고 동모산근처로 이동해 발해를 세웠다. 뒤쫓아 온 당나라군대를 천문령전투에서 크게 이겼다.

2 발해 세 번째 임금인 문왕 대흠무의 넷째 딸인 (　　　　　)는 1980년 중국 길림성에서 무덤이 발굴되어 생애가 알려졌다. 무덤벽화가 그려져 있어 발해 사람들의 생활모습을 알려주는 중요한 자료가 되고 있다.

3 신라에서 당나라로 건너가 무령군 소장 지위에 올랐으나 신라 백성들이 해적에게 잡혀와 노예로 팔리는 것을 보고 신라로 돌아온 (　　　　　)는 흥덕왕에게 허락받고 전라남도 완도에 청해진을 설치했다. 그 뒤 해적을 소탕해 백성을 보호하고, 당나라와 무역 길을 안전하게 만들어 나라를 부강하게 만들었다. 하지만 왕위쟁탈전에 휘말려 암살당했다.

4 신라 56대왕으로 마지막 왕인 (　　　　　)은 후백제 견훤이 쳐들어와 경애왕을 죽이자 왕위에 올랐다. 신라의 국력이 많이 약해진 상황에서 나라를 이어가기 어렵다고 판단해 고창전투에서 후백제를 누르고 주도권을 가진 고려 왕건에게 항복했다. 신라를 통째로 바치는 것에 큰 아들인 마의태자는 반대했지만, 아버지의 선택을 바꾸지는 못했다.

5 후백제를 세운 (　　　　　)은 고려, 신라, 후백제로 나뉘어 다투던 후삼국에서 신라를 공격해 왕을 바꿀 정도로 주도권을 쥐었으나, 고창전투에서 고려에게 패하면서 세력이 약해졌다. 다음 왕위를 놓고 아들들과 대립하다 쫓겨나 김제에 있는 금산사에 갇혀있다 탈출해서 고려 왕건에게 투항했다.

6 후고구려를 세운 (　　　　　)는 신라의 왕족이었으나 버려졌다는 사실만 전해질 뿐 정확한 출생에 대해서는 알려지지 않았다. 후고구려를 세운 뒤 왕권을 강화해 중앙집권화를 이루려고 했으나, 왕건을 중심으로 한 호족세력에게 밀려 왕위에서 쫓겨났다.

7 발해의 10번째 왕으로 전성기를 이끈 (　　　　　)은 영토를 크게 넓혀 전국을 5경15부 62주로 편성한 지방제도를 완성했다. 주변나라로부터 바다 동쪽에 발전한 나라라는 칭호를 가진 해동성국이라는 명칭을 얻었다.

● 다음 밑줄 친 인물을 상황에 맞게 고쳐 쓰세요.

1 후고구려의 궁예, 후백제의 견훤, 신라의 <u>지증왕</u>이 서로 대립하던 시대를 후삼국시대라고 한다.

_____

2 발해 <u>고왕</u>은 장문휴 장군을 시켜 당나라 등주를 공격하게 했다.

_____

3 신라 <u>대조영</u>은 당나라로 건너가 무령군 소장이라는 높은 지위에 올랐으나, 신라 백성들이 해적들에게 잡혀와 노예로 팔리는 것을 보고 신라로 돌아와 이 문제를 해결했다.

_____

● 〈보기〉에 나오는 인물을 3명 이상 넣어 문장을 만들어 보세요.

> **보기** 궁예, 견훤, 경순왕, 장보고, 경애왕

_____

> **보기** 대조영, 무왕, 문왕, 선왕, 정효공주

_____

● 다음 빈칸에 알맞은 인물을 넣어 일기를 완성해 보세요.

외출에서 돌아오신 아버지께서 분노에 가득 찬 얼굴로 크게 화를 내셨다. 좀처럼 화를 내지 않는 분이신데, 어머니도 나도 당황했다. 우리는 무슨 일인지 싶어 숨죽이고 있는데, 마음이 조금 가라앉으셨는지 천천히 말씀하셨다. "(　　　　　)장군이 돌아가셨다네. 많이 배웠든, 적게 배웠든 신라를 위하는 사람이 누구인지는 다 아는 사실인데. 청해진을 설치해 해적 소탕하고, 무역 발전시켜 잘 살게 만들어줬는데. 그런데 그런 사람을 죽이다니." 그분 죽음에 아버지 마음이 많이 상하셨나보다. 아버지 말씀대로 이놈의 나라가 어떻게 되려나, 알 수 없다.

고려시대 I

❖용어 pick
고려, 고창, 목화, 몽골, 향교, 개경, 거란, 격구, 서경, 송악, 승과

용어 사전

칭기즈 칸이 부족을 통일하고 세운 나라이다. 그의 손자 쿠빌라이 칸이 남송을 정벌하고 나라이름을 원으로 바꾸었다.

후고구려를 세운 궁예가 처음 도읍으로 정한 곳이다. □□을 기반으로 한 호족이었던 왕건은 궁예의 부하였다가 궁예를 쫓아내고 왕이 되었다. 나라 이름을 고려로 바꾸었고 □□도 □□으로 바꾸고 도읍으로 삼았다.

처음에는 개경(개성), 동경(경주)와 함께 나중에는 개경(개성), 남경(서울)과 함께 고려시대 3경으로 불렸다. 군사적으로 중요한 위치를 점하고 있었으며, 풍수지리설에 따라 좋은 땅으로 인정받아 이곳으로 도읍을 옮기자는 천도운동이 일어나기도 했다. 오늘날 평양이다.

유목민족으로 4세기쯤부터 만주와 요동지방 일대에 세력을 키운 민족이다. 10세기에는 발해를 멸망시키고, 고려를 3차례에 걸쳐 침략하기도 했다.

처음 생겨난 곳은 페르시아이고 중국을 거쳐 우리나라에 전해졌다. 말을 타고 채로 공을 쳐 승부를 내는 경기이다. 이 경기를 본떠 만들어진 것이 유럽에서 하는 폴로이다.

왕건이 호족들의 지지를 얻어 궁예를 쫓아내고 세운 나라이다. 불교중시정책, 북진정책, 민족융합정책을 나라 운영의 기본으로 삼았다. 지방 호족 세력을 포섭하기 위해 호족의 딸과 혼인, 관직수여, 성씨 하사 등을 시행했다. 또 철원에서 개경으로 도읍도 옮겼다.

오늘날 경상북도 안동시의 옛 지명이다. 왕건이 후백제와 맞선 이 전투에서 승리하고 난 뒤 후삼국 주도권을 가지게 되었다. 왕건이 지명을 '동쪽이 편안해졌다'는 뜻의 안동으로 바꾸었다.

고려후기 원나라에 사신으로 갔던 문익점이 들여온 것이다. 이것이 보급되면서 당시 백성들의 옷차림에 큰 변화가 생겼다. 비단은 비싸 얇은 삼베나 모시로 만든 옷으로 겨울을 날 수 밖에 없었던 백성들이 따뜻한 옷으로 겨울을 날 수 있게 만들어 주었다.

고려시대에 승려를 대상으로 실시했던 과거제도이다. 시험에 합격한 승려에게는 관직등급인 품계가 내려졌고 승진이 가능했다. 고려시대 과거제도는 4대 임금 광종 때부터 시행했으며 시험을 통해 관리를 선발하는 제도이다.

고려시대와 조선시대 지방에 설립한 중등교육기관이다. 유학교육을 담당했고 오늘날 중, 고등학교에 해당한다. 중앙에서 교수를 파견했고, 시설유지, 급여 등 전체적인 비용은 나라에서 부담하는 등 나라가 운영하는 교육기관이었다.

❖용어 비교

	초등	중등
공통 수록	개경, 서경, 거란, 고려, 고창, 몽골, 송악 승과, 향교	개경, 서경, 거란, 고려, 고창, 몽골, 송악 승과, 향교
개별 수록	격구, 목화	삼사, 도방, 속현, 역참, 정방, 중방, 향리

용어 사전

고려시대 지방행정구역 가운데 하나로 왕이 임명한 지방관이 파견되지 않았던 지역을 말한다. 지방관이 파견된 지역은 주현이라고 불렀다. 주현을 다스리는 지방관이 이 지역까지 관할했다.

고려시대와 조선시대에 있었던 교통 통신시설이다. 고려시대 이전에도 비슷한 기능을 가진 기관이 있었으나 고려시대 때 중국 원나라의 영향을 받아 새롭게 정비되었다. 일정거리마다 설치해 놓고 국가에서 내리는 명령이나 문서 전달, 군사적으로 긴급한 사항 전달, 외국에서 오는 사신 접대, 물자 전달 등의 역할을 했다.

고려 후기에 만들어진 관청이다. 무신정권 집권자였던 최우가 관리들의 인사행정을 담당하기 위해 자기 집에 설치했던 것이 출발이다. 무신정권이 무너진 뒤에도 국가기관으로 역할이 이어지다가 공민왕 때 없어졌다.

지방행정구역에서 지방관의 통제를 받으며 세금을 걷고 부역과 군역을 부과하는 행정을 담당한 사람을 말한다. 고려시대에는 지방 세력으로 독자적인 힘도 가지고 있었으나, 조선시대에는 지방고을 수령을 보좌하는 형태로 권한이 많이 줄어들었다.

고려시대 회계를 담당했던 관청이다. 나라에 들어오고 나가는 곡식의 출납, 재정 회계를 담당했다. 조선시대에는 사헌부, 사간원, 홍문관 등 언론 기관 역할을 하는 세 관청을 합쳐서 부르는 말이었다.

고려시대 무신들의 최고 회의기구였다. 고려시대 중앙군인 2군6위를 이끄는 최고지휘관 상장군과 대장군 1명씩 16명이 참여했다. 무신들이 일으킨 무신정변이 성공하고 난 뒤에는 최고 핵심기관이 되었다.

무신정권 때 경호를 위해 만들어진 부대이다. 정중부를 몰아내고 권력을 차지한 무신정권 집권자 경대승이 본인 신변 보호를 위해 개인적으로 조직한 군사조직이다. 경대승이 죽은 이후에도 다른 무신 집권자 보호를 위해 유지되다가 무신정권이 무너지자 해체되었다.

돌발정리

1. 향리의 권한이 고려시대와 비교해서 조선시대에 어떻게 달라졌는지 설명해 보세요.

2. 고려시대와 조선시대에 있었던 관청인 '삼사'가 어떻게 다른지 설명해 보세요.

송악, 승과, 향교, 격구, 고창, 목화, 개경, 거란, 서경

1. 후고구려를 세운 궁예가 처음 도읍으로 정한 곳이다. (   )을 기반으로 한 호족이었던 왕건은 궁예의 부하였다가 궁예를 쫓아내고 왕이 되었다. 나라 이름을 고려로 바꾸었고 철원에서 이곳으로 도읍을 옮긴 다음 (   )으로 이름을 바꾸었다.

2. 오늘날 평양으로 고려시대 3경 가운데 하나로 불린 (   )은 군사적으로 중요한 위치를 점하고 있었으며, 풍수지리설에 따라 좋은 땅으로 인정받아 이곳으로 도읍을 옮기자는 천도운동이 일어나기도 했다.

3. 유목민족으로 4세기쯤부터 만주와 요동지방 일대에 세력을 키운 (   )은 10세기에는 발해를 멸망시키고, 고려를 3차례에 걸쳐 침략하기도 했다.

4. 처음 생겨난 곳은 페르시아이고 중국을 거쳐 우리나라에 전해진 (   )는 말을 타고 채로 공을 쳐 승부를 내는 경기이다. 이 경기를 본떠 만들어진 것이 유럽에서 하는 폴로이다.

5. 오늘날 경상북도 안동시의 옛 지명인 (   )은 왕건이 후백제와 맞선 이 전투에서 승리하고 난 뒤 후삼국 주도권을 가지게 되었다. 왕건이 지명을 안동으로 바꾸었다.

6. 고려후기 원나라에 사신으로 갔던 문익점이 들여온 (   )가 보급되면서 당시 백성들의 옷차림에 큰 변화가 생겼다. 비단은 비싸 얇은 삼베나 모시로 만든 옷으로 겨울을 날 수 밖에 없었던 백성들이 따뜻한 옷으로 겨울을 날 수 있게 만들어 주었다.

7. 고려시대에 승려를 대상으로 실시했던 과거제도인 (   )는 시험에 합격한 승려에게는 관직등급인 품계가 내려졌고 승진이 가능했다.

8. 고려시대와 조선시대 지방에 설립한 중등교육기관인 (   )는 유학교육을 담당했고 오늘날 중, 고등학교에 해당한다.

용어 활용

● 다음 밑줄 친 용어를 상황에 맞게 고쳐 쓰세요.

1 우리 동네에 나라에서 세운 <u>서당</u>이 생겼다. 서당은 오늘날 중, 고등학교에 해당하는 교육기관으로 나라에서 유학교육을 위해 세운 곳이다.

_____

2 <u>왕건</u>이 후고구려를 세운 뒤 철원으로 도읍을 옮겼다. 그는 신라의 왕족 출신이었으나 신라에서 떨어져 나와 새로운 나라를 세웠다.

_____

3 고려시대에는 시험을 통해 관리를 뽑는 과거제도가 생겼다. 과거제도는 문과, 무과, 잡과, <u>상과</u>가 있었다.

_____

● 〈보기〉에 나오는 용어를 3개 이상 넣어 문장을 만들어 보세요.

> **보기** 개경, 송악, 서경, 고창, 고려

_____

> **보기** 정방, 도방, 중방, 역참, 속현

_____

● 다음 빈칸에 적당한 용어를 넣어 일기를 완성해 보세요.

왕건을 중심으로 한 호족들이 (　　　　　)를 내쫓고, 권력을 차지했다고 한다. 나라 이름을 고려로 바꾸고 도읍도 송악으로 옮긴다고 했다. 요즘 많이 혼란스럽다. 신라에서 후고구려로, 다시 고려로 내가 살고 있는 나라 이름이 너무 자주 바뀌는 것 같다. 왕도 지배층도 모두 백성들을 잘 살게 만들기 위한 과정이라고 하는데, 정말 현실이 되어 배불리 먹고 걱정없이 살 수 있는 나라가 되었으면 좋겠다.

고려시대 2

❖용어 pick

양천제, 연등회, 만월대, 벽란도, 별무반, 삼별초, 처인성
홍건적, 팔관회, 남대가, 대장경, 성균관, 성리학, 장생표

용어 사전

고려시대 윤관이 국경을 넘어 노략질하는 여진족을 정벌하기 위해 만든 특수부대이다. 기병을 중심으로 조직했으며, 여진족을 내쫓고 동북9성을 쌓았다.

좌별초, 우별초, 신의군 세 부대로 이루어진 특수부대를 말한다. 무신정권 지도자였던 최우가 도적을 잡기 위해 만든 야별초에서 출발했다. 숫자가 많아진 야별초를 좌별초, 우별초로 나누고, 몽골에 끌려갔다가 도망쳐온 사람을 모아 만든 신의군을 합해 만들었다.

고려시대 국제 무역항으로 예성강 하류에 있었다. 수도였던 개경과 가까운 위치에 있어 관문 역할을 했다.

남쪽으로 난 큰 길이라는 뜻이다. 고려시대 궁궐의 정문에서 관청거리, 그 앞을 흐르는 하천을 따라 남쪽으로 쭉 이어진 중심 길이다.

백성을 양인과 천인으로 나눈 신분제도이다. 양인은 관직에 나아갈 수 있고, 세금을 부담해야 했다. 천인은 관직에 나아갈 수 없고, 세금도 부담하지 않았다.

신라와 고려 시대에 절의 영역을 표시하기 위해 세웠던 표시판이다. 경상남도 양산에 있는 사찰인 통도사의 영역을 표시한 것이 대표적이다.

고려시대 최고 교육기관이자 나라에서 세운 국립대학이다. 고려 말기 국자감에서 명칭이 바뀌어 조선시대까지 이어졌다.

	불교경전을 말한다. 석가모니가 말한 내용을 기록한 경장, 계율과 해설을 쓴 율장, 주석을 달아놓은 문헌인 논장 등을 모두 포함한 경전이다.
	고려시대 궁궐터이다. 왕건이 개경을 도읍으로 정하고 난 뒤 만든 궁궐이다. 공민왕 때 홍건적의 침입으로 불에 타 사라졌다.
	중국 송나라의 주희가 집대성하여 정리한 유교의 새로운 버전이다. 우리나라에는 고려후기 안향이 중국 원나라에서 처음 들여왔다. 그 후 신진사대부들이 고려사회를 개혁하는 이론적 바탕으로 삼았고, 조선건국의 밑거름이 되었다.
	나라에서 진행한 불교행사이다. 음력 1월 15일인 정월대보름에 등불을 밝히고 부처님에게 복을 비는 행사이다. 팔관회와 함께 고려시대에 치러진 큰 행사이다.
	불교와 토속신앙을 결합해 11월에 치른 행사이다. 이 행사는 삼국사기 기록에 따르면 신라 진흥왕시절부터 치러지기 시작해 고려시대에 와서는 더욱 큰 행사로 자리잡았다고 한다. 하늘 신과 토지 신 등 민간에서 모시던 신들과 불교가 결합해 외국 사신을 초청하는 등 국가의 큰 행사로 진행했다.
	중국 원나라 말기에 일어난 한족 농민 반란군으로 머리에 붉은 수건을 두른 무리라는 뜻에서 붙여진 이름이다. 몽골군에게 쫓겨 고려에 침략하기도 했는데, 이들을 막으면서 최영, 이성계 같은 신흥무인세력이 성장했다.
	경기도 용인시에 있는 흙으로 쌓은 토성으로 고려시대 때 만들어졌다. 고려시대 몽골의 2차 침입 때 승려 김윤후가 마을 백성들과 승병을 이끌고 몽골군에 맞서 싸운 곳이다. 이 전투에서 몽골군 장수 살리타를 죽이는 성과를 거둬 몽골군이 물러갔다.

	초등	중등
공통 수록	대장경, 벽란도, 별무반, 삼별초, 성균관, 성리학 연등회, 홍건적, 팔관회, 처인성	대장경, 벽란도, 별무반, 삼별초, 성균관, 성리학 연등회, 홍건적, 팔관회, 처인성
개별 수록	남대가, 만월대, 양천제, 장생표	고려양, 공음전, 과전법, 국자감, 기전체, 사심관 어사대, 전시과, 중추원, 철령위, 동녕부

용어 사전

고려가 몽골에 끼친 영향을 표현하는 말이다. 고려가 약 80년 동안 원나라의 간섭을 받으며 많은 사람과 물자가 원나라로 건너갔다. 이로 인해 고려문화와 풍습이 원나라에서 유행하게 되었는데, 이를 표현하는 말이다. 반대로 고려에서 유행한 몽골문화와 풍습은 몽골풍이라고 불렀다.

고려시대 자손에게 상속이 가능했던 토지를 말한다. 고려시대에 관리가 되면 땅에서 나는 생산물을 가질 수 있는 토지를 지급받았다. 이 토지는 관직에서 물러나거나 사망하면 나라에 반납해야 했다. 하지만 5품 이상의 고위관리는 별도의 토지를 지급받아 자손에게 물려줄 수 있었는데, 이를 말하는 것이다.

고려시대 관리들에게 급여를 지급하기 위해 만든 토지제도이다. 곡식을 얻을 수 있는 땅 '전지'와 땔감을 얻을 수 있는 땅 '시지'를 합친 말이다. 관리들은 지급받은 땅에서 나는 생산물을 가질 수 있는 수조권을 가졌다. 관직에서 물러나거나 사망하면 나라에 반납해야 했다.

고려시대 말기 개혁을 주장한 신진사대부 세력이 새롭게 마련한 토지제도이다. 권문세족이 소유한 토지를 몰수하여 경제 기반을 약화시키고, 새롭게 관리가 된 신진사대부 세력의 경제 기반을 마련해주기 위한 방안이다. 경기도 지역의 땅을 관리들에게 나누어주고, 그 땅에서 나는 생산물을 가질 수 있는 수조권을 부여했다.

고려시대 때 만들어진 국립대학이다. 귀족의 자제들만 입학할 수 있었으며 개경에 위치했다. 신라시대 국립교육기관인 국학을 이은 것이며, 고려 말기 충선왕 때 이름을 성균관으로 바꾸었다. 성균관은 조선시대까지 계속 이어졌다.

역사 기록 방법 가운데 하나로 크게 왕을 다룬 본기, 신하를 다룬 열전으로 나누어 서술하는 것을 말한다. 중국 한나라 때 역사가 사마천이 사기를 기록하는 방식에서 출발했으며 우리나라 역사책 삼국사기를 서술한 방식이다. 시간 순서대로 기록한 편년체와 달리 인물 중심 기록 방식이다.

고려 시대에 관리들의 비행을 감시하고 관찰하는 업무를 맡아하던 관청이다. 이곳에 속한 관리는 중서문하성의 낭사와 함께 언론기능을 담당하는 대간으로 불렸다. 언론활동은 주로 왕과 관리의 잘못을 지적하는 일을 말한다.

고려 초기에 지방 세력을 포섭하고 지방을 통제하기 위해 만든 관직이다. 신라왕이었던 경순왕이 고려에 항복해 오자, 경순왕에게 경주지역을 식읍으로 주고 관리하도록 하면서 생겨났다. 중앙관직에 있는 관리에게 출신 지역을 관리할 수 있는 권한을 주어 지방에서 문제가 생기는 것을 방지하고자 했다.

고려시대 국왕의 비서실 역할을 했던 관청이다. 왕명전달과 군사기밀, 궁궐경비를 담당했다. 중서문하성에 속한 관리들과 함께 국방과 군사문제 회의 기구인 도병마사, 법률과 제도에 관한 회의기구인 식목도감 회의를 통해 나라의 중대사를 결정했다.

원나라를 몰아내고 중국을 차지한 명나라가 철령 이북지역에 대한 소유권을 주장하며 설치한 관청이다. 철령 이북 지역을 원나라가 차지하고 다스렸으니 원나라를 몰아내고 중국을 차지한 명나라가 그 땅을 가지는 것이 당연하다는 논리였다. 고려는 이에 반발해 요동정벌을 진행했지만 이성계의 위화도회군으로 실패했다.

고려 원종 임금 때 원나라가 서경에 설치한 통치기관이다. 고려 서북 지방의 군사책임자였던 서북면병마사 최탄을 비롯한 관리들이 원나라에 투항하자, 원나라가 이 지역을 다스리기 위해 설치한 기관이다. 고려는 지속적인 반환요구를 했고, 공민왕 때 되찾았다.

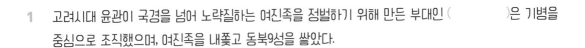

남대가, 대장경, 만월대, 벽란도, 별무반, 삼별초
성균관, 성리학, 양천제, 연등회, 장생표, 처인성, 홍건적, 팔관회

1   고려시대 윤관이 국경을 넘어 노략질하는 여진족을 정벌하기 위해 만든 부대인 (   )은 기병을
    중심으로 조직했으며, 여진족을 내쫓고 동북9성을 쌓았다.

2   무신정권 지도자였던 최우가 도적을 잡기 위해 만든 야별초에서 출발한 (   )는 좌별초, 우별
    초, 신의군 세 부대로 이루어진 특수부대를 말한다. 숫자가 많아진 야별초를 좌별초, 우별초로 나누고,
    몽골에 끌려갔다가 도망쳐온 사람을 모아 만든 신의군을 합해 만들었다.

3   고려시대 국제 무역항인 (   )는 예성강 하류에 있었다. 수도였던 개경과 가까운 위치에 있어
    관문 역할을 했다.

4   남쪽으로 난 큰 길이라는 뜻인 (   )는 고려시대 궁궐의 정문에서 관청거리, 그 앞을 흐르는 하
    천을 따라 남쪽으로 쭉 이어진 중심 길이다.

5   백성을 양인과 천인으로 나눈 신분제도가 (   )이다. 양인은 관직에 나아갈 수 있고, 세금을 부
    담해야 했다. 천인은 관직에 나아갈 수 없고, 세금도 부담하지 않았다.

6   신라와 고려 시대에 절의 영역을 표시하기 위해 세웠던 표시판인 (   )는 경상남도 양산에 있
    는 사찰인 통도사의 영역을 표시한 것이 대표적이다.

7   고려시대 최고 교육기관이자 나라에서 세운 국립대학이다. 고려 말기 국자감에서 명칭이 (   )
    으로 바뀌어 조선시대까지 이어졌다.

8   석가모니가 말한 내용을 기록한 경장, 계율과 해설을 쓴 율장, 주석을 달아놓은 문헌인 논장 등을 모두
    포함한 불교 경전을 (   )이라고 한다.

9   왕건이 개경을 도읍으로 정하고 난 뒤 만든 궁궐이 (   )이다. 고려 공민왕 때 홍건적의 침입으
    로 불에 타 현재는 터만 남아 있다.

10 중국 송나라의 주희가 집대성하여 정리한 유교의 새로운 버전이다. 우리나라에는 고려후기 안향이 중국 원나라에서 처음 들여왔다. (   )은 신진사대부들이 고려사회를 개혁하는 이론적 바탕으로 삼았고, 조선건국의 밑거름이 되었다.

11 음력 1월 15일인 정월대보름에 등불을 밝히고 부처님에게 복을 비는 행사인 (   )는 팔관회와 함께 고려시대에 치러진 큰 불교 행사이다.

12 불교와 토속신앙을 결합해 11월에 치른 행사인 (   )는 삼국사기 기록에 따르면 신라 진흥왕시절부터 치러지기 시작해 고려시대에 와서는 더욱 큰 행사로 자리 잡았다고 한다. 하늘신과 토지신 등 민간에서 모시던 신들과 불교가 결합해 외국 사신을 초청하는 등 국가의 큰 행사로 진행했다.

13 중국 원나라 말기에 일어난 한족 농민 반란군인 (   )은 머리에 붉은 수건을 두른 무리라는 뜻이다. 이들은 몽골군에게 쫓겨 고려에 침략하기도 했는데, 이들을 막으면서 최영, 이성계 같은 신흥무인세력이 성장했다.

14 경기도 용인시에 있는 흙으로 쌓은 토성으로 고려시대 때 만들어졌다. 고려시대 몽골의 2차 침입 때 승려 김윤후가 마을 백성들과 승병을 이끌고 몽골군에 맞서 싸운 곳이다.
(   ) 전투에서 몽골군 장수 살리타를 죽이는 성과를 거둬 몽골군이 물러갔다.

● 다음 밑줄 친 용어를 상황에 맞게 고쳐 쓰세요.

1 고려는 불교의 나라다. 그래서 나라에서 불교행사인 <u>기우제</u>와 <u>산신제</u>를 공식행사로 성대하게 치렀다.

_____

2 몽골군이 쳐들어오자 김윤후를 중심으로 <u>안시성</u> 백성들이 힘을 모아 맞섰다. 이 과정에서 몽골장수 살리타를 사살하는 성과도 올렸다.

_____

3 <u>별무반</u>은 고려조정이 원나라에 항복하고 개경으로 돌아간 뒤에도 계속 맞서 싸웠다. 근거지를 강화도에서 진도, 제주도로 옮겨 가면서 항쟁을 이어갔다.

_____

● 〈보기〉에 나오는 용어를 3개 이상 넣어 문장을 만들어 보세요.

보기 연등회, 팔관회, 장생표, 대장경, 성리학

_____

보기 공음전, 전시과, 과전법, 어사대, 중추원

_____

● 다음 빈칸에 적당한 용어를 넣어 일기를 완성해 보세요.

아버지를 따라 예성강 하류에 있는 (   )를 구경 왔다. 이곳은 우리나라 국제 무역항이라고 하더니 신기한 구경거리가 많았다. 만두가게를 비롯해 먹을 것도 많았지만 구경하느라 정신이 팔려 배고픈 것도 잊을 정도였다. 가장 신기한 것은 파란 눈을 가진 서역 상인들이었다. 우리나라 물건이 인기가 좋은가 보다. 이상하게 생긴 사람들이 멀리 우리나라에까지 오니깐 말이다. 문득 무엇을 팔든지 내 가게도 하나 있었으면 하는 생각이 들었다. 그런 날이 올까?

고려시대 3

권문세족, 무신정권, 반원친명, 삼국유사, 강동6주, 고려도경, 관혼상제
동북9성, 훈요10조, 음서제도, 과거제도, 문벌귀족

용어 사전

고려를 세운 왕건이 후대 왕들에게 유언처럼 남긴 열 가지 가르침이다. 나라를 다스리는 데 필요한 항목들을 열 가지로 정리한 것으로, 불교 중시, 북진정책, 대외관계 등에 대한 방향이 잘 나타나 있다.

고려 4대 임금 광종이 시행한 제도로, 시험을 통해 관리를 선발하는 것이다. 중국 후주에서 사신으로 왔다가 고려로 귀화한 쌍기의 건의를 받아들여 시행했다. 문과, 무과, 잡과, 승과가 있었으나 무과는 거의 시행하지 않았다.

왕족이나 공신, 5품 이상 관리 자손들에게 시험 없이 관직을 주는 제도이다. 처음에는 아들에게만 혜택이 주어졌으나 동생, 양아들, 손자, 외손자, 조카 등까지 범위가 확대되었다. 이 제도는 고려시대 귀족들이 권력을 유지하고 세습하는 수단이 되었다.

원나라를 반대하고 명나라와 친하게 지낸다는 외교노선을 일컫는 말이다. 중국에서 몽골족이 세운 원나라가 약해지고 한족이 세운 명나라가 힘을 키우자 고려 말기 공민왕 때부터 내세운 대외 정책이다. 대외정책 변화는 친원파인 권문세족의 힘을 약화시키고 친명파인 신진사대부의 힘을 강화시키는 결과를 만들었다.

거란의 1차 침입 때 서희가 외교담판을 통해 얻은 영토이다. 압록강 동쪽에 위치한 땅으로 흥화진, 용주, 통주, 철주, 구주, 곽주를 합쳐서 부르는 말이다. 거란이 고려를 침략한 목적을 꿰뚫은 서희는 거란 장수 소손녕과의 담판을 통해 이 지역에 거주하고 있던 여진족을 몰아내고 고려 영토로 만들었다.

윤관이 여진족을 몰아내고 동북 지방에 쌓은 9개 성을 말한다. 여진족이 국경을 넘어 노략질을 일삼자 기마부대 중심의 특수부대인 별무반을 꾸려 여진족을 정벌하고 쌓은 성이다. 하지만 관리가 힘들고 여진족의 지속적인 요구가 있어 곧 돌려주었다.

고려후기 지배세력을 부르는 말로 무신정권이 무너진 뒤 등장했다. 원나라에 의해 무신정권이 무너지고 원나라 간섭기가 시작되었다. 이때 이전부터 권력을 이어오던 일부 세력과 원나라 간섭기에 통역, 환관, 원나라 황실과의 혼인 등으로 새롭게 힘을 가지게 된 세력을 합쳐서 부르는 말이다. 주로 음서제도를 통해 관직에 나왔으며, 원나라와 친한 친원파 세력이다.

고려전기 지배세력을 부르는 말로 무신정권이 들어서면서 사라졌다. 지방 호족 출신이 중앙으로 진출하거나 개국공신들이 대를 이어 높은 관직을 차지하면서 만들어졌다. 이들은 왕실과의 혼인이나 자기 가문끼리 혼인을 통해 권력을 독차지했다. 또한 음서제도를 통해 권력을 대물림하고 공음전을 통해 경제적 기반을 유지해 나갔다.

1170년부터 1270년까지 100년 동안 무신들이 권력을 잡고 나라를 다스린 시기를 말한다. 1170년 무신들이 그동안의 차별에 맞서 난을 일으켜 성공했다. 문신들을 몰아내고 권력을 잡았지만 무신들간의 권력다툼으로 지배자는 계속 바뀌었다. 이의방, 정중부, 경대승, 이의민, 최충헌, 최우, 최항, 최의, 김준, 임연, 임유무 순서로 바뀌었다.

사람이 살아가면서 겪게 되는 네 가지 통과의례를 말한다. 성인이 되는 의식을 치르는 관례, 결혼하는 혼례, 사람이 죽으면 치르는 상례, 죽은 뒤 기일에 제사를 지내는 제례를 합쳐서 부르는 말이다.

 송나라 사신 서긍이 고려의 모습을 보고 기록한 책이다. 송나라에서 고려로 보낸 사신단의 일원으로 온 서긍이 쓴 보고서 형식의 책으로, 자신이 고려에 머무는 기간 동안 보고 들은 것을 그림과 함께 설명을 덧붙여 작성했다. 외국인의 눈에 비친 고려의 모습을 알려주는 중요한 자료이다.

고려 후기 충렬왕 때 일연 스님이 쓴 역사책이다. 고조선 건국신화인 단군신화가 수록되어 있다. 고려 전기 김부식이 쓴 삼국사기에서 빠진 부분을 보완해주는 성격이 있으며, 삼국사기와 함께 삼국시대를 알려주는 중요한 자료이다.

돌발정리

고려시대에 쓴 대표적인 역사책 〈삼국사기〉와 〈삼국유사〉를 비교한 표입니다. 빈칸에 알맞은 말을 채워 보세요.

	쓴 시기	쓴 사람	특징
삼국사기	고려전기		
삼국유사	고려후기		

	초등	중등
공통 수록	강동6주, 권문세족, 무신정권, 삼국유사 훈요10조, 음서제도, 과거제도, 문벌귀족, 동북9성	강동6주, 권문세족, 무신정권, 삼국유사 훈요10조, 음서제도, 과거제도, 문벌귀족, 동북9성
개별 수록	고려도경, 관혼상제, 반원친명	식목도감, 5도양계, 사성정책, 9재학당, 2군6위 교정도감, 시무28조, 2성6부, 정동행성, 제왕운기 기인제도, 도병마사, 삼국사기, 화통도감 다루가치

용어 사전

최충헌이 설치한 무신정권 최고 권력기관이다. 이의민을 몰아내고 무신정권 최고지배자가 된 최충헌이 기존 중방을 대신하여 설치했다. 최충헌이 권력을 잡은 뒤 최우, 최항, 최의로 이어지는 그의 후손들이 4대 60여 년 동안 무신정권을 이끌었다. 중방은 장군들이 모여 회의하는 기구였는데, 최충헌 이전까지 무신정권 최고 권력기관 역할을 했다.

최승로가 고려 성종에게 올린 나라 운영 방안이다. 최승로는 당시 고려사회가 안고 있는 문제에 대해 28가지 항목으로 구분하여 해결방안을 담은 자기 의견을 올렸다. 성종은 이를 수용하여 불교 폐단을 줄이고 지방관을 파견하는 등 정책에 반영했다. 현재 22가지만 전해지고 있다.

도병마사와 함께 고려의 독자적인 회의기구이다. 높은 관리들이 모여 회의하는 기구로, 국방과 군사 문제를 제외한 법과 제도 등의 정리, 제정하는 역할을 맡았다. 국방과 군사 문제는 도병마사에서 결정했다.

고려의 지방 행정구역이다. 고려는 전국을 서해도, 교주도, 양광도, 경상도, 전라도의 5도로 구분하고, 국경지역엔 북계와 동계를 설치했다. 5도에는 안찰사를 보내 관리감독을 했으며, 양계에는 국방을 담당하는 병마사를 보냈다.

고려시대 중앙 군사제도이다. 이들은 중앙군으로 2군은 국왕을 보호하는 친위부대이고, 6위는 수도 경비와 국경 방어를 담당했다. 지방군은 국경지대인 양계(동계, 북계)에 있는 주진군, 5도에 있는 주현군으로 이루어졌다.

고려시대 중앙 행정 조직이다. 중국 당나라의 3성 6부제를 모방해 만들었다. 중서문하성, 상서성으로 이루어진 2성이지만 중서문하성이 논의해서 결정하면 상서성은 결정한 사항을 집행하는 역할이었다. 상서성 밑에 실무행정을 담당하는 6부가 있었다.

일본정벌을 목적으로 원나라가 고려에 설치한 기관이다. 일본정벌이 실패로 돌아갔지만 없어지지 않고 고려 정치를 간섭하는 기관으로 자리 잡았다. 고려말기 공민왕 때 폐지했다.

고려후기 이승휴가 중국과 우리나라의 역사를 시 형식으로 쓴 역사책이다. 우리나라 역사는 단군왕검부터 고려 충렬왕까지 다루고 있다. 일연 스님이 쓴 삼국유사와 함께 단군신화가 수록되어 있는 고려시대 역사책이다.

고려를 세운 왕건이 지방 호족 세력을 견제하기 위해 시행한 정책이다. 지방호족에게 관직을 주는 대신 그 아들을 지방에 대한 의견을 듣는다는 명분으로 인질처럼 개경에 머물게 한 제도이다. 아들을 볼모로 아버지가 다른 뜻을 품지 못하게 한 것이다.

식목도감과 함께 고려의 독자적인 회의기구이다. 높은 관리들이 모여 회의하는 기구로, 국방과 군사 문제를 주로 다루었다. 국방과 군사 이외의 문제는 식목도감에서 처리했다.

고려 인종 임금 때 김부식이 중심이 되어 편찬한 역사책이다. 현재까지 남아 있는 가장 오래된 역사책이며, 신라부터 시작한 삼국시대와 통일신라의 역사를 다루고 있다. 고조선과 발해의 역사는 수록되어 있지 않다. 왕들을 다룬 본기와 신하를 다룬 열전으로 이루어진 기전체 서술방식이다.

고려 말기 최무선의 건의로 화약 및 화약무기 제조를 위해 만들어진 관청이다. 최무선이 원나라 사람 이원에게 화약제조법을 배운 뒤 관청이 설치되자, 이곳에서 만든 화약 및 화약무기를 이용하여 왜구를 소탕했다.

고려를 세운 왕건이 호족들에게 성씨를 내려 준 것이다. '성씨하사'라고도 하는데 자신의 성씨인 '왕'씨를 내려 지방 호족들을 자기편으로 끌어들이기 위해 실시한 정책이다.

고려시대 최충이 세운 개인교육기관이다. 최충의 호를 따라 문헌공도라고 부르기도 한다. 대부분의 과거 합격자가 개인교육기관 출신이었고, 당시 유명한 개인교육기관 12개를 합쳐서 사학12도라 불렀다. 개인교육기관인 사학은 번창한 반면 나라에서 세운 교육기관인 관학은 영향력이 약해졌다.

원나라가 고려에 간섭하기 위해 파견한 관리를 부르는 명칭이다. '진압에 종사하는 사람'이라는 뜻을 가진 몽골어로, 이들을 통해 고려를 통제하고 감독했다.

강동6주, 동북9성, 권문세족, 삼국유사
무신정권, 훈요10조, 음서제도, 과거제도, 문벌귀족

1 고려를 세운 왕건이 후대 왕들에게 유언처럼 남긴 열 가지 가르침은 (   )이다.

2 고려 4대 임금 광종이 시행한 (   )는 시험을 통해 관리를 선발하는 것이다. 중국 후주에서 사신으로 왔다가 고려로 귀화한 쌍기의 건의를 받아들여 시행했다.

3 왕족이나 공신, 5품 이상 관리 자손들에게 시험 없이 관직을 주는 제도는 (   )이다. 이 제도는 고려시대 귀족들이 권력을 유지하고 세습하는 수단이 되었다.

4 거란의 1차 침입 때 서희가 외교담판을 통해 얻은 영토인 (   )는 압록강 동쪽에 위치한 땅으로 흥화진, 용주, 통주, 철주, 구주, 곽주를 합쳐서 부르는 말이다.

5 (   )은 윤관이 여진족을 몰아내고 동북 지방에 쌓은 9개성을 말한다. 여진족이 국경을 넘어 노략질을 일상자 기마부대 중심의 특수부대인 별무반을 꾸려 여진족을 정벌하고 쌓은 성이다.

6 고려후기 지배세력을 부르는 말로 무신정권이 무너진 뒤 등장한 (   )은 주로 음서제도를 통해 관직에 나왔으며, 원나라와 친한 친원파 세력이다.

7 고려전기 지배세력을 부르는 말로 무신정권이 들어서면서 사라진 (   )은 왕실과의 혼인이나 자기 가문끼리 혼인을 통해 권력을 독차지했다. 또한 음서제도를 통해 권력을 대물림을 하고 공음전을 통해 경제적 기반을 유지해 나갔다.

8 1170년 무신들이 그동안의 차별에 맞서 난을 일으켜 1270년까지 100년 동안 무신들이 권력을 잡고 나라를 운영한 시기를 (   )이라고 한다.

9 고려 후기 충렬왕 때 일연 스님이 쓴 역사책인 (   )는 고조선 건국신화인 단군신화가 수록되어 있다. 삼국사기와 함께 삼국시대를 알려주는 중요한 자료이다.

● 다음 밑줄 친 용어를 상황에 맞게 고쳐 쓰세요.

1 <u>김부식</u>이 쓴 삼국유사에는 우리나라의 출발인 고조선 건국신화, 단군신화가 수록되어 있다.

_____

2 고려를 세운 왕건은 후대 왕들이 나라를 다스리는데 참고가 될 수 있도록 열 가지 가르침을 담은 <u>제왕
운기</u>를 남겼다.

_____

3 고려 광종은 시험을 통해 관리를 선발하는 제도인 <u>음서제도</u>를 새롭게 시행했다.

_____

● 〈보기〉에 나오는 용어를 3개 이상 넣어 문장을 만들어 보세요.

> **보기** 음서제도, 과거제도, 권문세족, 문벌귀족, 무신정권

_____

_____

> **보기** 5도양계, 2성6부, 2군6위, 식목도감, 도병마사

_____

_____

● 다음 빈칸에 적당한 용어를 넣어 일기를 완성해 보세요.

나는 아버지가 높은 관직에 있는 덕택에 시험을 보지 않고 관직에 나왔다. 내가 일을 잘 못하기도 하
지만 실력도 없으면서 아빠찬스로 관직에 나왔다고 다른 관리들이 계속 수군거리는 것 같다. 나도
당당히 (   )를 봐서 관직에 나오고 싶었지만 솔직히 자신이 없었다. 그리고 아버지가 높은
관리면 시험을 보지 않고 관직에 나올 수 있도록 나라 법이 그렇게 만들어져 있는데, 나보고 어떡하
라는 건지. 시간이 지나면 나아지겠지. 내일은 좀 더 당당하게 행동해야겠다.

13 고려시대 4

❖용어 pick

천산대렵도, 척경입비도, 초조대장경, 청명상하도, 신흥무인세력
직지심체요절, 풍수지리설, 청자상감운학문매병, 신진사대부
위화도회군, 논산관촉사석조미륵보살입상

용어 사전

▨▨▨▨▨	새롭게 등장한 사대부란 뜻이다. 사대부는 고려시대와 조선시대 문관 관료를 통틀어서 부르는 말이다. 고려 말기 권문세족에 맞서 새롭게 관직에 등장한 계층으로 신흥무인세력과 힘을 합쳐 새로운 나라 조선을 건국한 세력이다.
▨▨▨▨▨	1388년 고려 말기 우왕과 최영의 명을 받고 요동정벌을 떠났던 이성계가 압록강에 있는 위화도에서 군대를 돌려 우왕과 최영을 쫓아내고 권력을 차지한 사건이다.
▨▨▨▨▨	산과 물, 땅의 생긴 모양, 위치, 방향 등이 인간의 길흉화복에 영향을 미친다는 이론이다. 신라 말기 도선대사가 우리나라에 들여왔다. 도읍을 정하거나 집터, 무덤자리 등을 정하는 데에 많은 영향을 미쳤다.
▨▨▨▨▨	고려31대 왕인 공민왕이 그렸다고 전해지는 그림이다. 사냥하는 모습을 그린 그림으로, 말을 탄 사람이 몽골식 머리모양인 변발을 한 모습을 확인할 수 있다.
▨▨▨▨▨	고려 전기 윤관이 특수부대인 별무반을 만들어 여진족을 정벌한 뒤 동북9성을 쌓고 비석을 세우는 장면을 그린 그림이다. 그림 속 내용은 고려시대이지만 그린 시기는 조선후기이다.
▨▨▨▨▨	청명은 24절기 가운데 하나로 4월 5일 무렵이다. 이 날은 조상의 묘를 참배하고 나들이를 하며 봄을 즐기는 날이다. 송나라 수도였던 카이펑의 이 날 풍경을 관리였던 장택단이 그린 것이다.

고려 전기 거란이 침략해오자 부처님의 도움으로 거란을 물리치기 위해서 제작한 우리나라 최초의 대장경이다. 처음 만든 것이라 하여 이름 붙여졌고 몽골 침입 때 만든 팔만대장경은 다시 만든 것이라 하여 재조대장경으로도 부른다. 대구 부인사에 보관하고 있었는데 몽골 침입 때 불타 없어졌다.

고려 말기에 홍건적과 왜구의 침입을 물리치면서 백성들로부터 지지를 받고 새롭게 성장한 무인세력이다. 최영, 이성계, 최무선 등이 대표적인 사람이다.

현재 남아 있는 금속활자 인쇄본 가운데 세계에서 가장 오래된 책이다. 고려시대 승려 백운화상이 쓴 책으로 1377년 충청북도 청주에 있는 흥덕사에서 인쇄했다. 현재 프랑스국립도서관이 보관하고 있으며, 이곳에서 사서로 일했던 박병선 박사가 중국책이 아닌 우리나라 책임을 밝혔다. 유네스코 세계 기록유산으로 등재되어 있다.

표면에 무늬를 새기고 유약을 바른 다음 구운 상감기법으로 만든 고려시대를 대표하는 청자이다. 구름과 학 문양이 새겨져 있다. 도자기 이름은 빛깔, 기법, 무늬, 용도 순서로 붙여진다.

고려 4대 임금인 광종 때 만들어진 불상이다. '은진미륵'으로도 불리며 높이가 18미터로 우리나라에 있는 불상 가운데 가장 키가 크다. 무게는 100톤에 이른다고 한다. 불상 이름은 위치, 재질, 부처님, 자세 순서로 붙여진다.

	초등	중등
공통 수록	신진사대부, 위화도회군, 천산대렵도, 척경입비도 풍수지리설, 초조대장경, 신흥무인세력 직지심체요절, 청자상감운학문매병 논산관촉사석조미륵보살입상	신진사대부, 위화도회군, 천산대렵도, 척경입비도 풍수지리설, 초조대장경, 신흥무인세력 직지심체요절, 청자상감운학문매병 논산관촉사석조미륵보살입상
개별 수록	청명상하도	중서문하성, 전민변정도감 쌍성총관부, 노비안검법, 서경천도운동

용어 사전

고려 4대 임금 광종이 호족 세력을 누르고 왕권을 강화하기 위해 실시한 정책이다. 호족들이 소유한 노비 가운데 원래 양인이었으나 혼란한 시대 상황으로 노비가 된 사람들을 찾아내어 다시 양인으로 되돌리는 제도이다. 호족들이 소유한 노비수가 줄어들면 자연스럽게 호족 세력은 약화되고 왕권은 강화되는 효과가 생긴다.

고려시대 최고의 힘을 가진 중앙정치기구이다. 중앙정치기구는 2성6부로 이루어져 있지만, 이곳에서 계획하고 결정한 국가 정책을 상서성과 6부가 집행하는 구조로 되어있다. 최고 책임자는 문하시중이다.

원나라가 고려를 침략한 뒤 철령 이북 땅을 관리하기 위해 설치한 관청이다. 약 100년 동안 원나라가 관리하던 것을 공민왕 때 되찾았다.

고려 인종 임금 때 도읍을 개경에서 서경으로 옮기자고 한 운동이다. 묘청, 정지상 등 서경출신이 주도했다. 이자겸의 난으로 약해진 왕권을 되살릴 기회로 삼고자 인종 임금도 찬성했으나 개경 귀족들의 반대로 무산되었다. 이에 반발해 묘청이 서경에서 난을 일으켰으나 진압당했다.

고려 공민왕이 개혁정치를 위해 설치한 임시기구이다. 토지와 백성을 바로잡는다는 의미로 신돈이 책임자였다. 권문세족들이 지위를 이용하여 백성들로부터 빼앗은 토지를 원래 주인에게 되돌려주었다. 또 억울하게 노비가 된 백성은 노비신분을 벗어날 수 있도록 했다.

신진사대부, 위화도회군, 천산대렵도, 척경입비도, 풍수지리설, 초조대장경,
논산관촉사석조미륵보살입상, 신흥무인세력, 직지심체요절, 청자상감운학문매병

1 새롭게 등장한 사대부란 뜻인 (   )는 고려 말기 권문세족에 맞서 새롭게 관직에 등장한 계층
   으로 신흥무인세력과 힘을 합쳐 새로운 나라 조선을 건국한 세력이다.

2 1388년 고려 말기 우왕과 최영의 명을 받고 요동정벌을 떠났던 이성계가 압록강에 있는 위화도에서 군
   대를 돌려 우왕과 최영을 쫓아내고 권력을 차지한 사건을 (   )이라고 한다.

3 신라 말기 도선대사가 우리나라에 들여온 (   )은 산과 물, 땅의 생긴 모양, 위치, 방향 등이 인
   간의 길흉화복에 영향을 미친다는 이론인 이다. 나라의 도읍을 정하거나 집터, 무덤자리 등에 많은 영
   향을 미쳤다.

4 고려 31대 왕인 공민왕이 그렸다고 전해지는 그림인 (   )는 사냥하는 모습을 그린 그림이다.

5 (   )는 윤관이 특수부대인 별무반을 만들어 여진족을 정벌한 뒤 동북9성을 쌓고 비석을 세우
   는 장면을 그린 그림이다.

6 고려 전기 거란이 침략해오자 부처님의 도움으로 거란을 물리치기 위해서 제작한 우리나라 최초의 대
   장경이 (   )이다. 대구 부인사에 보관하고 있었는데, 몽골 침입 때 불타 없어졌다.

7 고려 말기 홍건적과 왜구의 침입을 물리치면서 새롭게 성장한 (   )은 최영, 이성계, 최무선 등
   이 대표적이다.

8 현재 남아 있는 금속활자 인쇄본 가운데 세계에서 가장 오래된 책인 (   )은 고려시대 승려 백
   운화상이 쓴 책으로 1377년 충청북도 청주에 있는 흥덕사에서 인쇄했다.

9 상감기법으로 만들어진 고려시대를 대표하는 청자인 (   )은 구름과 학 문양이 새겨져 있다.

10 '은진미륵' 으로도 불리는 (   )는 높이가 18미터로 우리나라에 있는 불상 가운데 키가 가장
    크다.

● 다음 밑줄 친 용어를 상황에 맞게 고쳐 쓰세요.

1   고려시대 거란이 쳐들어오자 부처님의 도움을 받아 나라의 위기를 이겨내고자 <u>팔만대장경</u>을 제작했다.

_____

2   고려 말에는 홍건적과 왜구 등이 자주 침략해 백성들을 괴롭혔다. 이들을 막아내는 과정에서 <u>신진사대부</u> 세력이 힘을 키웠다.

_____

3   이성계는 최영과 우왕의 명령에 따라 요동정벌을 떠났다. 하지만 명나라에 맞서 싸울 자신이 없었던 이성계는 <u>여의도</u>에서 군대를 돌려 최영과 우왕을 쫓아내고 권력을 차지했다.

_____

● 〈보기〉에 나오는 용어를 3개 이상 넣어 문장을 만들어 보세요.

> **보기**   직지심체요절, 초조대장경, 청자상감운학문매병, 논산관촉사석조미륵보살입상, 천산대렵도

_____

_____

> **보기**   신진사대부, 신흥무인세력, 위화도회군, 노비안검법, 전민변정도감

_____

_____

● 다음 빈칸에 적당한 용어를 넣어 일기를 완성해 보세요.

요동정벌을 떠났던 (   )장군이 군대를 돌려 개경으로 오고 있다는 소문이 퍼졌다. 사람들은 이 사실을 믿어야 하나 말아야 하나 서로 목소리를 높였다. 나도 궁금하다. 나라의 명을 받고 다른 나라를 정벌하러 떠난 장군이 군대를 돌려 수도를 향하고 있다는 이야기가 사실일까? 사실이면 또 어떻게 되는 걸까? 어른들께 물어보았지만 시원하게 대답해주는 사람이 없다. 왜 말해주지 않는 것일까? 궁금한 건 많지만 또 물어보기는 싫다.

고려시대 인물

❖인물 pick

양규, 왕건, 윤관, 의천, 일연, 정몽주, 문익점, 배중손, 서희
최무선, 강감찬, 공민왕, 김통정

인물 사전

고려시대 장군이다. 거란의 3차 침입 때 흥화진 전투와 귀주성 전투를 승리로 이끌고 고려를 지켰다. 특히 귀주성 전투 승리는 귀주대첩으로 불리며, 고구려 을지문덕 장군이 수나라를 상대로 싸워 이긴 살수대첩, 조선 이순신 장군이 일본을 상대로 싸워 이긴 한산도대첩과 더불어 우리나라 역사 3대 대첩으로 꼽히고 있다.

고려 31대 왕이다. 명나라가 세워져 원나라 힘이 약해지자 고려를 되살리기 위해 노력했다. 기철을 중심으로 한 친원 세력을 제거하고, 몽골식 머리모양과 옷을 금지시켰다. 또 원나라가 차지하고 있던 쌍성총관부를 되찾아 영토를 넓혔으며, 일본정벌을 위해 만들어진 기구였으나 고려 정치 간섭을 일삼던 정동행성을 폐지했다. 백성을 위한 기구인 전민변정도감 설치, 신돈 등용 등 고려를 안정시키기 위한 개혁과 노력을 지속했으나 암살당했다.

고려시대 장군으로 삼별초 지도자이다. 몽골이 쳐들어오자 고려 무신정권은 장기항전을 외치며 강화도로 천도했다. 하지만 원나라에 의해 무신정권이 무너지자, 원종 임금은 원나라에 항복하고 개경환도를 추진했다. 그러자 특수부대인 삼별초는 강화도에서 진도로 근거지를 옮기고 원나라에 맞서 싸웠다. 진도, 제주도에서 삼별초군을 이끌고 원나라에 맞섰다.

고려시대 관리로 원나라에서 목화씨를 들여온 인물이다. 붓두껍에 목화씨를 몰래 넣어 왔다는 얘기도 전해지고 있으나, 사실이 아닌 것으로 밝혀졌다. 경상남도 산청에서 장인 정천익과 함께 목화재배에 성공해, 백성들의 의복생활에 큰 변화를 가져왔다.

고려시대 관리이다. 거란이 쳐들어오자 땅을 떼어주자는 다른 신하들의 반대를 물리치고, 직접 거란장수 소손녕과 외교회담을 벌였다. 당시 국제정세를 잘 파악한 회담을 진행해 거란을 물러가게 하고, 새로운 영토인 강동 6주도 얻었다.

고려 시대 장군이다. 거란이 강조의 정변을 이유로 2차 침입을 했을 때 맞서 싸웠다. 강조의 정변은 신변의 위협을 느낀 임금 목종이 강조에게 호위를 부탁했으나, 오히려 목종을 죽이고 현종을 즉위시킨 사건이다.

고려를 세운 사람이다. 신라 말기 해상 무역을 통해 세력을 키운 개경지방 호족으로 처음에는 궁예의 부하였으나, 나중에는 호족들의 지지를 바탕으로 궁예를 몰아내고 스스로 왕이 되었다. 나라를 다스리는 기본 방침이 된 훈요십조를 남겼다.

고려시대 장군이다. 예종 임금 때 여진족이 국경을 넘어 노략질을 자주 하자 특수부대인 별무반을 조직해 여진족을 내쫓고 동북9성을 쌓았다. 하지만 여진족이 사정하고 관리가 어려워 이듬해 돌려주었다.

고려시대 승려이다. 문종 임금의 넷째 아들로 송나라로 유학 가서 불교 공부를 하고 돌아와 천태종을 창시했다. 천태종은 불교 통합의 하나로 교종을 중심으로 선종을 합친 것이다. 교종은 불교 경전을 공부해 그 안에서 진리와 깨달음을 얻는 것이고, 선종은 경전공부보다는 수행을 통해 진리와 깨달음을 얻는 것이다.

고려시대 승려이다. 고려 후기 충렬왕 때 삼국유사를 편찬했다. 삼국유사에는 김부식이 쓴 삼국사기에는 빠진 단군신화가 수록되어 있어, 우리나라 역사의 출발점을 알리고 있다는 점에서 큰 의미가 있다.

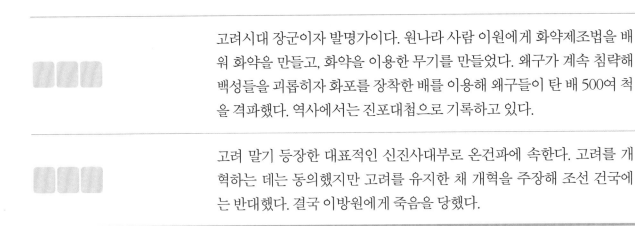

고려시대 장군이자 발명가이다. 원나라 사람 이원에게 화약제조법을 배워 화약을 만들고, 화약을 이용한 무기를 만들었다. 왜구가 계속 침략해 백성들을 괴롭히자 화포를 장착한 배를 이용해 왜구들이 탄 배 500여 척을 격파했다. 역사에서는 진포대첩으로 기록하고 있다.

고려 말기 등장한 대표적인 신진사대부로 온건파에 속한다. 고려를 개혁하는 데는 동의했지만 고려를 유지한 채 개혁을 주장해 조선 건국에는 반대했다. 결국 이방원에게 죽음을 당했다.

 돌발정리

고려시대는 다른 나라와 민족의 침략이 많았던 시대입니다. 고려시대에 활약한 장군들을 시기에 맞게 정리해 보세요.

양규, 윤관, 배중손, 서희, 최무선, 김통정, 강감찬, 최영

거란	
여진	
몽골	
왜구	

	초등	중등
공통 수록	강감찬, 공민왕, 최무선, 양규 서희, 왕건, 윤관, 의천, 일연, 정몽주	강감찬, 공민왕, 최무선, 양규 서희, 왕건, 윤관, 의천, 일연, 정몽주
개별 수록	김통정, 문익점, 배중손	만적, 망이·망소이, 묘청, 신돈, 안향, 이승휴 이자겸, 정중부, 광종, 김부식, 최충헌, 충렬왕 최승로, 최영, 최우, 김사미, 지눌

인물 사전

고려 네 번째 왕이다. 노비안검법과 과거제도를 실시해 왕권을 강화했다. 노비안검법은 양인이었으나 억울하게 노비가 된 자를 가려내어 다시 양인으로 되돌리는 제도로, 호족세력을 약화시켰다. 그리고 '광덕', '준풍'과 같은 독자적인 연호를 사용했으며, 관리들이 입는 옷인 관복을 제정했다.

고려 전기 정치가이다. 대표적인 문벌귀족으로 경주 김씨이다. 도읍을 개경에서 서경으로 옮기자는 서경천도운동이 실패하자, 서경에서 난을 일으킨 묘청을 진압했다. 관직에서 물러난 뒤에는 인종의 명을 받아 삼국사기 집필을 주도했다. 삼국사기는 삼국시대와 남북국시대 통일신라에 대해 다루고 있는 책으로 현재 남아 있는 가장 오래된 역사책이다.

고려 시대 신분해방운동을 일으킨 인물이다. 최씨 무신정권을 연 무신정권 지도자 최충헌집의 노비로 '왕후장상의 씨가 따로 있느냐'며 신분해방운동을 준비했지만, 한충유집 노비 순정의 밀고로 사전에 발각되어 목숨을 잃었다. 만적이 준비한 '만적의 난'은 우리나라 역사 최초의 신분해방운동으로 기록되어 있다.

고려 시대 농민 봉기를 일으킨 인물이다. 오늘날 경상북도 청도인 운문에서 봉기를 일으켰고, 오늘날 울산광역시인 초전에서 봉기를 일으킨 효심과 연합하여 큰 세력을 형성했다. 무신정권 초기에 일어난 큰 농민 봉기였으나 정부에서 파견한 토벌군에게 진압당했다.

고려 시대 농민 봉기를 일으킨 인물이다. 고려 시대에는 향, 부곡, 소 등으로 불리는 특수 행정구역이 있었는데, 이곳에 거주하는 주민들은 나라에 추가로 세금을 내야하는 등 차별을 받았다. 공주 명학소에서 이와 같은 차별에 맞서 봉기를 일으킨 인물들이다.

고려시대 승려이다. 당시 수도였던 개경에서 서경으로 도읍을 옮기는 서경천도운동을 주도했다. 여진족이 세운 금나라에 대한 사대를 중단하고, 금나라를 정벌하자고 주장했다. 서경 천도운동이 실패하자, 지지 세력을 모아 대위국이라 이름 짓고 서경에서 난을 일으켰으나 성공하지 못했다.

고려시대 승려이자 정치가이다. 원나라 힘이 약해지자 밖으로는 원나라 영향에서 벗어나기 위해 노력하고, 안으로는 백성들 삶을 돌보기 위해 노력한 공민왕이 등용한 인물이다. 나라 안정을 위해 전민변정도감을 설치하는 등 고려 사회 개혁을 위해 노력한 인물이다.

고려시대 정치가이다. 원나라에서 성리학을 들여와 고려에 보급했다. 성리학은 우주만물과 인간 심성에 대해 연구하는 학문으로 중국 송나라의 주희가 집대성했다. 춘추전국시대 공자와 맹자가 정립한 유학의 새로운 버전이다.

고려 후기 인물로 그가 쓴 역사 서사시 '제왕운기'가 전해지고 있다. 제왕운기에 단군신화 내용을 수록하고 단군왕검을 민족의 시조로 삼았다. 무신정권기 및 원나라 간섭기에 문신 관료로 활약했다.

고려 시대 대표적인 외척으로 권력을 행사한 인물이다. 16대 예종에게 둘째 딸을 시집보내고, 17대 인종에게 셋째 딸과 넷째 딸을 시집보냈다. 인종이 자신을 제거하려고 하자 1126년에 난을 일으켰으나 성공하지 못하고 영광으로 귀양 간 상태에서 죽었다.

고려 시대 무신으로 1170년에 무신정변을 일으킨 주동자이다. 고려초기부터 문신들에 의한 무신 차별이 심해지자, 이고, 이의방 등과 함께 무신정변을 일으켜 의종을 폐하고 명종을 왕으로 세웠다. 많은 문신을 죽이고 무신정권을 열었지만, 또 다른 무신 경대승에 의해 목숨을 잃었다.

고려시대 승려이다. 선종을 중심으로 교종을 통합해 조계종을 만들었다. 불교계의 타락을 비판하고 불교 본연의 모습으로 돌아가자는 결사 운동을 수선사를 중심으로 벌였다. 그리고 깨달음과 실천의 방법으로 돈오점수와 정혜쌍수를 주장했다.

고려 초기 문신이다. 6대 임금 성종에게 나라를 다스릴 방안인 〈시무28조〉를 올렸다. 성종 임금이 이를 받아들여 고려는 생활풍속은 불교, 정치는 유교로 다스리는 나라가 되었다. 국가체제를 정비하고 12목 설치로 지방에 대한 통제력을 높여 중앙집권화 기반을 다졌다.

고려 말기 장군이다. 고려 말 왜구 침략을 여러 번 막아냈고, 홍산대첩 승리가 대표적이다. 최고 관직인 시중까지 올랐지만 '황금보기를 돌같이 하라'는 아버지 유언에 따라 청렴했다고 한다. 요동정벌을 두고 반대하는 이성계와 대립했지만, 계속 추진했다. 결국 요동정벌을 떠난 이성계가 위화도회군으로 권력을 차지하자 목숨을 잃었다.

아버지 최충헌의 뒤를 이어 무신정권 최고지배자가 되었다. 몽골이 침략하자 장기항전을 내세워 개경에서 강화도로 수도를 옮겼다. 인사행정 담당기구인 정방을 자기 집에 설치했고, 야간 경비 및 도둑을 잡기 위한 새로운 특수 부대 삼별초를 만들었다. 문신들을 등용해 정책 자문을 받았으며, 몽골침략을 막아내고 백성 통합을 위한 팔만대장경을 제작하도록 했다.

고려 무신정권 최고 지도자 가운데 한 명이다. 이의민을 죽이고 본인부터 최우, 최항, 최의 4대 60년에 이르는 최씨 무신정권을 연 사람이다. 기존에 있던 무신회의기구인 중방을 대신하는 교정도감을 설치해 국정을 총괄했다. 또 자기 집 노비 만적이 준비한 신분해방운동인 만적의 난도 진압했다.

고려 25대 왕이다. 강화도에서 원나라에 항복하고 개경으로 돌아간 원종 임금의 큰 아들이다. 원나라 제국대장공주와 결혼하자 고려는 원나라 사위나라인 부마국이 되었다. 이때부터 원나라 속국이 되어 임금의 이름에 충○왕으로 붙인 첫 번째 왕이다.

인물 확인

의천, 일연, 정몽주, 김통정, 문익점, 배중손
서희, 양규, 강감찬, 공민왕, 왕건, 윤관, 최무선

1   거란의 3차 침입 때 흥화진 전투와 귀주성 전투를 승리로 이끈 (   )은 고려를 지켰다. 특히 귀
    주성 전투 승리는 귀주대첩으로 불리며, 고구려 을지문덕 장군이 수나라를 상대로 싸워 이긴 살수대첩,
    조선 이순신 장군이 일본을 상대로 싸워 이긴 한산도대첩과 더불어 우리나라 역사 3대 대첩으로 꼽히
    고 있다.

2   명나라가 세워져 원나라 힘이 약해지자 고려를 되살리기 위해 노력한 (   )은 기철을 중심으로
    한 친원 세력을 제거하고, 몽골식 머리모양과 옷을 금지시켰다. 또 원나라가 차지하고 있던 쌍성총관부
    를 공격해 영토를 넓혔으며, 일본정벌을 위해 만들어진 기구였으나 고려 정치 간섭을 일삼던 정동행성
    을 폐지했다.

3   몽골이 쳐들어오자 고려 무신정권을 이끌던 최우는 장기항전을 외치며 강화도로 천도했다. 하지만 원
    나라에 의해 무신정권이 무너지자, 원종 임금은 원나라에 항복하고 개경환도를 추진했다. 그러자 특수
    부대인 삼별초는 강화도에서 진도로 근거지를 옮기고 원나라에 맞서 싸웠다. 진도에서는 (   )
    이, 제주도에서는 (   )이 삼별초군을 이끌고 원나라에 맞섰다.

4   원나라에서 고려로 목화씨를 들여온 (   )은 붓두껍에 목화씨를 몰래 넣어 왔다는 얘기도 전해
    지고 있으나, 사실이 아닌 것으로 밝혀졌다. 경상남도 산청에서 장인 정천익과 함께 목화재배에 성공
    해, 백성들의 의복생활에 큰 변화를 가져왔다.

5   거란이 고려로 쳐들어오자 땅을 떼어주자는 다른 신하들의 반대를 물리치고, 직접 거란장수 소손녕과
    외교회담을 벌인 (   )는 당시 국제정세를 잘 파악한 회담을 진행해 거란을 물러가게 하고, 새
    로운 영토인 강동 6주도 얻었다.

6   거란이 강조의 정변을 이유로 고려에 2차 침입을 했을 때 맞서 싸운 (   )는 많은 포로를 구했
    다. 강조의 정변은 신변의 위협을 느낀 임금 목종이 강조에게 호위를 부탁했으나, 오히려 목종을 죽이
    고 현종을 즉위시킨 사건이다.

7 신라 말기 해상 무역을 통해 세력을 키운 개경지방 호족으로 처음에는 궁예의 부하였으나, 나중에는 호족들의 지지를 바탕으로 궁예를 몰아내고 스스로 왕이 되었다. 고려를 세운 (   )은 나라를 다스리는 기본방침이 된 훈요십조를 남겼다.

8 고려 예종 임금 때 여진족이 국경을 넘어 노략질을 자주하자 (   )은 특수부대인 별무반을 조직해 여진족을 내쫓고 동북9성을 쌓았다.

9 고려 문종 임금의 넷째 아들로 송나라로 유학 가서 불교 공부를 하고 돌아온 (   )은 천태종을 창시했다. 천태종은 불교 통합의 하나로 교종을 중심으로 선종을 합친 것이다. 교종은 불교 경전을 공부해 그 안에서 진리와 깨달음을 얻는 것이고, 선종은 경전공부보다는 수행을 통해 진리와 깨달음을 얻는 것이다.

10 고려 후기 충렬왕 때 (   )은 삼국유사를 편찬했다. 삼국유사에는 김부식이 쓴 삼국사기에 빠진 단군신화가 수록되어 있어, 우리나라 역사의 출발점을 알리고 있다는 점에서 큰 의미가 있다.

11 (   )은 원나라 사람 이원에게 화약제조법을 배워 화약을 만들고, 이를 이용한 무기를 만들었다. 왜구가 계속 침략해 고려 백성들을 괴롭히자 진포 앞바다에서 화포를 장착한 배를 이용해 왜구들이 탄 배 500여 척을 격파하고 승리했다.

12 고려 말기 등장한 온건파 신진사대부인 (   )는 고려를 개혁하는 데는 동의했지만 조선 건국에는 반대했다. 결국 이방원에게 개경에 있는 선죽교에서 죽음을 당했다.

● 다음 밑줄 친 인물을 설명에 맞게 고쳐 쓰세요.

1   고려 말에 등장한 대표적 신진사대부인 <u>정도전</u>은 고려를 유지한 채 개혁할 것을 주장했다.

＿＿＿

2   고려를 세운 왕건은 처음에는 <u>견훤</u>의 부하였으나, 호족들의 지지를 받아 <u>견훤</u>을 쫓아내고 왕위에 올랐다.

＿＿＿

3   거란은 고려를 3차례나 침략했다. 고려는 이에 맞서 1차 침략 때는 <u>양규</u>가, 2차 침략 때는 <u>강감찬</u>이, 3차 침략 때는 <u>서희</u>가 각각 활약했다.

＿＿＿

● 〈보기〉에 나오는 인물을 3명 이상 넣어 문장을 만들어 보세요.

> **보기** 만적, 망이 · 망소이, 김사미, 효심

＿＿＿

> **보기** 강감찬, 서희, 양규, 윤관, 최무선

＿＿＿

● 다음 빈칸에 알맞은 인물을 넣어 일기를 완성해 보세요.

이번에 새로 고려 4대 임금으로 즉위하신 (   ) 임금님은 시험을 통해 관리를 뽑는 과거제도를 실시한다고 하셨다. 중국 후주에서 귀화한 쌍기라는 사람의 건의를 받아들여 시행하게 되었다는데, 이 소식이 알려지자 우리 형을 비롯해 동네 형들 모두 공부를 열심히 하고 있다. 그동안은 높은 벼슬을 하는 집안사람들만 음서라는 제도를 통해 쉽게 관직에 나갔었는데, 이번에 새로 실시하는 과거 시험에 붙어 형도 관직에 나갔으면 좋겠다. 나도 지금부터 열심히 공부해서 시험 준비를 해야겠다.

예시
답안

본문의 네모칸 정답은 (   )로 표시했습니다.

1 석기시대 – 구석기와 신석기

❖용어 pick – 용어 사전
가락바퀴, 간석기, 구석기시대, 뗀석기, 패총, 빗살무늬토기
뼈바늘, 유적, 움집, 선사시대, 신석기시대

❖용어 비교 – 용어 사전
주먹도끼, 긁개, 찍개, 슴베찌르개, 덧무늬토기, 신석기혁명
울주 대곡리 반구대 암각화 유적, 흥수아이

돌발정리

구석기시대 유물, 유적	뗀석기, 긁개, 흥수아이 주먹도끼, 찍개, 슴베찌르개
신석기시대 유물, 유적	가락바퀴, 간석기, 빗살무늬토기, 움집, 패총, 뼈바늘 울주 대곡리 반구대 암각화 유적 덧무늬토기

용어 확인
1. 가락바퀴   2. 간석기   3. 구석기시대   4. 뗀석기
5. 패총   6. 빗살무늬토기   7. 뼈바늘   8. 유적
9. 움집   10. 선사시대   11. 신석기시대

용어 활용
1. 돌 도끼 → 그물
2. 뼈바늘 → 슴베찌르개
3. 동굴집 → 움집

구석기시대 사람들은 이곳저곳을 옮겨 다니는 이동생활을
했으며 동굴에서 살았다.
구석기시대 사람들은 채집과 사냥을 통해 먹을 것을 구했으
며, 주먹도끼 같은 뗀석기를 도구로 사용했다.
신석기시대 사람들은 한 곳에 머물러 사는 정착생활을 했으
며 움집에서 살았다.
신석기시대 사람들은 농사를 짓기 시작했으며, 돌도끼, 돌칼
같은 간석기를 도구로 사용했다.

동굴, 이동

2 청동기시대와 고조선

❖용어 pick – 용어 사전
청동거울, 고인돌, 고조선, 8조법, 농경문청동기, 따비
미송리식 토기, 민무늬토기, 비파형동검, 청동기

❖용어 비교 – 용어 사전
거푸집, 단군왕검, 반달돌칼, 세형동검, 한4군

용어 확인
1. 청동기   2. 고조선, 8조법   3. 민무늬토기, 미송리식토기
4. 단군왕검   5. 반달돌칼   6. 청동거울   7. 한4군
8. 농경문청동기   9. 비파형동검, 세형동검   10. 고인돌

용어 활용
1. 돌칼 → 청동검
2. 유리거울 → 청동거울
3. 독무덤 → 고인돌

단군왕검이 세운 고조선에는 법률인 8조법이 있었다.
단군왕검이 세운 고조선을 멸망시킨 한나라는 그 땅에 낙랑,
임둔, 진번, 현도로 이루어진 한4군을 설치했다.

청동기시대에는 토기는 민무늬토기, 농기구는 반달돌칼, 무
기는 세형동검, 제사용품은 청동거울을 사용했다.
청동기시대 대표 유물로는 반달돌칼, 청동거울 등이 있다.

반달돌칼

3 부족연맹국가

❖용어 비교 – 용어 사전

계루부(계루부), 마한, 변한, 진한, 부여, 사출도, 삼한, 민며
느리제
소도, 순장, 옥저, 책화, 동예, 안라국, 천군

돌발정리

부여 – 사출도, 옥저 – 민며느리제, 동예 – 책화, 삼한 – 소도

용어 확인

1. 마한, 진한, 변한 2. 천군, 소도 3. 계루부
4. 부여 5. 사출도 6. 민며느리제 7. 순장
8. 옥저, 동예 9. 책화 10. 안라국

용어 활용

1. 삼국 → 삼한
2. 민며느리제 → 책화
3. 염소 → 개

한반도 중남부에 있었던 부족연맹국가인 마한, 진한, 변한을
합쳐서 삼한이라고 불렀다.
삼한에는 천군이라는 제사장이 다스리는 소도라는 특별행정
구역이 있었다.

옥저에는 어린 신부를 맞이하는 민며느리제, 동예에는 경계
선을 넘어 사냥했을 경우 배상을 해주는 책화라는 풍습이
있었다.
만주지역에는 부여, 한반도 중북부 지역에는 동예, 옥저가
자리잡고 있었다.

순장

4 삼국시대 I

❖용어 pick – 용어 사전

가야, 금성, 사비, 신라, 웅진, 율령, 한성, 백제
고분(고분, 고분, 고분), 토성(토성, 토성), 석탑(석탑)
목탑(목탑)

❖용어 비교 – 용어 사전

녹읍, 담로(담로), 시중, 진골, 태학, 동맹

용어 확인

1. 백제, 가야 2. 금성 3. 사비 4. 신라 5. 한성, 웅진
6. 율령 7. 석탑 8. 목탑 9. 토성 10. 고분

용어 활용

1. 남북국시대 → 삼국시대
2. 신라 → 고구려
3. 정림사5층석탑 → 황룡사9층목탑

고구려인들이 남긴 무덤인 고분에는 벽화가 그려져 있어 당
시 문화를 알 수 있다.
고구려 고분 벽화에는 고구려 문화가 담겨있다.

백제 성왕은 웅진에서 사비로 도읍을 옮겼다.
백제가 남긴 유적으로 몽촌토성, 풍납토성, 정림사지5층석
탑 등이 있다.

한강

5 삼국시대 2

❖용어 pick - 용어 사전
고구려, 공산성, 금관총, 우산국, 평양성, 화랑도, 천마총
순수비(순수비), 무용총, 안시성, 판갑옷

❖용어 비교 - 용어 사전
거서간, 차차웅, 이사금, 마립간(거서간, 차차웅, 이사금
마립간), 낙랑군(낙랑군), 대가야, 도래인, 독무덤, 빈공과
사로국, 사신도, 상대등, 서옥제, 진대법, 훈고학, 황룡사
칠지도

용어 확인
1. 고구려   2. 공산성   3. 평양성   4. 금관총
5. 우산국   6. 화랑도   7. 천마총   8. 순수비
9. 무용총   10. 안시성   11. 판갑옷

용어 활용
1. 평양성 → 안시성
2. 지증왕 → 진흥왕
3. 몽촌토성 → 웅진성

진흥왕은 화랑도를 만들고, 황룡사를 세웠다.
지증왕은 우산국을 정벌하여 신라 영토로 편입시켰고, 진흥
왕은 자신이 정복한 지역에 순수비를 세웠다.

고구려 양만춘 장군은 안시성에서 당나라군대의 침략을 막
아냈다.
고구려 장수왕은 국내성에서 평양으로 도읍을 옮기고 평양
성을 세웠다.

안시성

6 삼국시대 3

❖용어 pick - 용어 사전
살수대첩, 오녀산성, 민간신앙, 신분제도, 무령왕릉
광개토대왕릉비, 금동연가7년명여래입상, 충주고구려비
연천호로고루, 모전석탑(모전석탑)

❖용어 비교 - 용어 사전
골품제도, 금관가야, 나제동맹, 선민사상, 오경박사
풍납토성, 화백회의, 기벌포전투, 임신서기석, 호우명 그릇
웅진도독부

용어 확인
1. 살수대첩   2. 오녀산성   3. 민간신앙   4. 신분제도
5. 무령왕릉   6. 광개토대왕릉비
7. 금동연가7년명여래입상   8. 충주고구려비
9. 연천호로고루   10. 모전석탑

용어 활용
1. 광개토대왕릉비 → 충주고구려비
2. 근초고왕 → 무령왕릉
3. 양천제도 → 골품제도

고구려 장수왕은 광개토대왕릉비, 충주고구려비를 세웠고,
을지문덕 장군이 수나라를 상대로 크게 이긴 전투를 살수대
첩이라고 한다.
충주고구려비, 연천호로고루, 금동연가7년명여래입상 등은
현재 우리나라에 남아 있는 고구려가 남긴 대표적인 유물과
유적이다.

백제는 나라 힘을 키우기 위해 신라와 나제동맹을 맺기도
했지만 풍납토성, 무령왕릉 등의 유적을 남긴 채 660년 멸
망했다.
백제는 서울에는 풍납토성, 공주에는 무령왕릉 등의 유적을
남겼고, 오경박사 같은 관직이 있었다.

충주고구려비

7 삼국시대 인물

❖인물 pick – 인물 사전

계백, 광개토대왕, 근초고왕, 진흥왕, 김유신, 김춘추
소수림왕, 선덕여왕, 원효, 의상, 을지문덕, 장수왕, 지증왕

돌발정리

나라	인물
고구려	광개토대왕, 소수림왕, 을지문덕, 장수왕
백제	계백, 근초고왕
신라	진흥왕, 김유신, 김춘추, 선덕여왕, 원효, 의상 지증왕

❖인물 비교 – 인물 사전

복신, 도침, 흑치상지, 검모잠, 고이왕, 내물왕, 담징, 무령왕
문무왕, 법흥왕, 성왕, 연개소문, 의자왕, 주몽, 온조
박혁거세, 김수로, 태조왕, 이차돈, 개로왕

돌발정리

나라	인물
고구려	검모잠, 담징, 연개소문, 주몽, 태조왕
백제	복신, 도침, 흑치상지, 고이왕, 무령왕, 성왕 의자왕, 온조, 개로왕
신라	내물왕, 문무왕, 법흥왕, 박혁거세, 이차돈
가야	김수로

인물 확인

1. 김유신, 계백   2. 근초고왕, 광개토대왕, 장수왕, 진흥황

3. 김춘추   4. 선덕여왕   5. 소수림왕   6. 원효

7. 의상   8. 을지문덕   9. 지증왕

인물 활용

1. 신문왕 → 진흥왕

2. 근초고왕 → 개로왕

3. 을지문덕 → 연개소문

주몽은 고구려를, 온조는 백제를, 박혁거세는 신라를, 김수로는 가야를 각각 세웠다.

주몽, 온조, 박혁거세, 김수로는 우리나라 건국신화의 주인공들이다.

백제는 4세기 근초고왕, 고구려는 5세기 장수왕, 신라는 6세기 진흥왕 때 전성기를 누렸다.
백제는 고이왕, 고구려는 소수림왕, 신라는 법흥왕이 율령을 반포해 중앙집권국가의 기틀을 다졌다.

태학

8 남북국시대와 후삼국시대

❖용어 pick - 용어 사전
국학, 발해(해동성국), 청해진, 석가탑(무구정광대다라니경)
팔보유리정, 석등(상경성), 월성, 동궁, 대릉원, 석굴암
금산사, 불국사(다보탑)

❖용어 비교 - 용어 사전
9서당10정, 9주5소경, 남북국시대, 독서삼품과
성덕대왕신종, 왕오천축국전, 이두문자, 정안국, 집사부,
호족
신라방, 숙위학생, 신라민정문서, 후고구려, 후백제

❖용어 확인
1. 국학 2. 발해, 해동성국 3. 청해진
4. 석가탑, 다보탑, 무구정광대다라니경
5. 석등, 상경성 6. 월성 7. 동궁 8. 대릉원
9. 불국사, 석굴암 10. 금산사

❖용어 활용
1. 석굴암 → 불국사, 불국사 → 석굴암
2. 금산사 → 불국사
3. 석탑 → 석등

경주 불국사에는 석가탑과 다보탑이 있다.
경주에는 우리나라를 대표하는 사원인 불국사, 석굴암이 있고 왕세자가 생활했던 공간인 동궁도 남아 있다.

발해 수도였던 상경성에는 석등과 팔보유리정 등의 유적이 남아 있다.
상경성을 수도로 삼았던 발해는 전성기시절 해동성국으로 불렸다.

발해

9 남북국시대와 후삼국시대 인물

❖인물 pick - 인물 사전
대조영, 정효공주, 장보고, 경순왕, 견훤, 궁예, 선왕

돌발정리

나라	인물
발해	대조영, 정효공주, 선왕
통일신라	장보고, 경순왕

❖인물 비교 - 인물 사전
도선, 신문왕, 원종 · 애노, 최치원, 혜초, 설총, 김헌창
무왕, 문왕

돌발정리

나라	인물
발해	무왕, 문왕
통일신라	도선, 신문왕, 원종 · 애노, 최치원, 혜초 설총, 김헌창

❖인물 확인
1. 대조영 2. 정효공주 3. 장보고 4. 경순왕
5. 견훤 6. 궁예 7. 선왕

❖인물 활용
1. 지증왕 → 경순왕
고왕 → 무왕
대조영 → 장보고

후고구려의 궁예, 후백제의 견훤, 신라의 경순왕이 서로 대립, 경쟁하던 시기를 후삼국시대라고 한다.
신라를 공격한 견훤은 경애왕을 자결하게 만들고, 경순왕을 왕위에 올렸다.

대조영이 세운 발해는 무왕, 문왕을 거쳐 10대 선왕 때 전성기를 맞이했다.
무왕, 문왕, 선왕은 모두 발해의 왕이다.

장보고

10 고려시대 1

❖용어 pick – 용어 사전
몽골, 송악(송악, 송악, 개경), 서경, 거란, 격구, 고려, 고창
목화, 승과, 향교

❖용어 비교 – 용어 사전
속현, 역참, 정방, 향리, 삼사, 중방, 도방

뽀개정리

1. 고려시대 향리는 지방관의 통제를 받으면서 세금을 거두
   고 부역과 군역을 부과하는 행정을 담당했다. 또 지방 세
   력으로서 독자적인 힘도 가지고 있었다. 하지만 조선시대
   에는 지방고을 수령을 보좌하는 형태로 고려시대에 비해
   권한이 많이 줄었다.

2. 고려시대 삼사는 회계를 담당한 관청 이름이다. 나라에
   들어오고 나가는 곡식의 출납, 재정회계를 담당했다. 하
   지만 조선시대에는 사헌부, 사간원, 홍문관 등 언론기관
   역할을 했던 세 개의 관청을 합쳐서 부르는 말이었다.

용어 확인

1. 송악, 개경 2. 서경 3. 거란 4. 격구
5. 고창 6. 목화 7. 승과 8. 향교

용어 활용

1. 서당 → 향교
2. 왕건 → 궁예
3. 상과 → 승과

개경은 고려시대 도읍으로 처음 이름은 송악이었다.
고려는 개경을 도읍으로 삼았지만, 북진정책 추진을 위해 서
경도 중시했다.

무신정권 회의는 중방, 인사는 정방, 경호는 도방이 맡았다.
중방, 정방, 도방은 무신정권 핵심기구이다.

궁예

11 고려시대 2

❖용어 pick – 용어 사전
별무반, 삼별초, 벽란도, 남대가, 양천제, 장생표, 성균관
대장경, 만월대, 성리학, 연등회, 팔관회, 홍건적, 처인성

❖용어 비교 – 용어 사전
고려양, 공음전, 전시과, 과전법, 국자감, 기전체, 어사대
사심관, 중추원, 철령위, 동녕부

용어 확인

1. 별무반 2. 삼별초 3. 벽란도 4. 남대가 5. 양천제
6. 장생표 7. 성균관 8. 대장경 9. 만월대 10. 성리학
11. 연등회 12. 팔관회 13. 홍건적 14. 처인성

용어 활용

1. 기우제 → 연등회, 산신제 → 팔관회
2. 안시성 → 처인성
3. 별무반 → 삼별초

대장경은 불교 경전이고, 연등회와 팔관회는 고려시대 대표
적인 불교 행사이다.
고려는 연등회와 팔관회를 성대하게 치르는 불교국가여서
초조대장경, 팔만대장경 등 대장경도 많이 제작했다.

고려시대에는 어사대, 중추원 등에서 일하는 관리가 되면 전
시과를 지급받았지만, 공음전처럼 자식에게 물려줄 수는 없
었다.
고려시대 토지제도는 전시과, 국왕비서실은 중추원, 관리 감
찰기관은 어사대였다.

벽란도

12 고려시대 3

❖용어 pick – 용어 사전

훈요10조, 과거제도, 음서제도, 반원친명, 강동6주, 동북9성
권문세족, 문벌귀족, 무신정권, 관혼상제, 고려도경
삼국유사

돌발정리

	쓴 시기	쓴 사람	특징
삼국사기	고려전기	김부식	• 고조선과 발해에 관한 기록이 없다 • 기전체로 서술했다.
삼국유사	고려후기	일연	• 단군신화가 수록되어 있다. • 불교적인 요소가 강하다.

❖용어 비교 – 용어 사전

교정도감, 시무28조, 식목도감, 5도양계, 2군6위, 2성6부
정동행성, 제왕운기, 기인제도, 도병마사, 삼국사기
화통도감, 사성정책, 9재학당, 다루가치

용어 확인

1. 훈요10조   2. 과거제도   3. 음서제도   4. 강동6주
5. 동북9성   6. 권문세족   7. 문벌귀족   8. 무신정권
9. 삼국유사

용어 활용

1. 김부식 → 일연스님
2. 제왕운기 → 훈요10조
3. 음서제도 → 과거제도

고려는 문벌귀족이 몰락하고 무신정권이 들어섰고, 무신정권이 무너지자 권문세족이 새로운 지배층이 되었다.
고려시대에는 귀족의 특권인 음서제도가 있어 문벌귀족이나 권문세족의 권력유지에 도움을 주었다.

고려의 중앙행정조직은 2성6부, 지방행정제도는 5도양계, 군사제도는 2군6위였다.
고려의 중앙행정조직은 2성6부로 구성되었고, 별도 회의기구인 도병마사와 식목도감이 있었다.

과거

13 고려시대 4

❖용어 pick – 용어 사전

신진사대부, 위화도회군, 풍수지리설, 천산대렵도
척경입비도, 청명상하도, 초조대장경, 신흥무인세력
직지심체요절, 청자상감운학문매병
논산관촉사석조미륵보살입상

❖용어 비교 – 용어 사전

노비안검법, 중서문하성, 쌍성총관부, 서경천도운동
전민변정도감

용어 확인

1. 신진사대부   2. 위화도회군   3. 풍수지리설
4. 천산대렵도   5. 척경입비도   6. 초조대장경
7. 신흥무인세력   8. 직지심체요절
9. 청자상감운학문매병   10. 논산관촉사석조미륵보살입상

용어 활용

1. 팔만대장경 → 초조대장경
2. 신진사대부 → 신흥무인세력
3. 여의도 → 위화도

고려시대가 남긴 대표적인 문화유산으로 직지심체요절, 청자상감운학문매병, 논산관촉사석조미륵보살입상 등이 있다.
직지심체요절, 초조대장경, 논산관촉사석조미륵보살입상 등은 불교와 관련있는 문화유산이다.

공민왕은 신진사대부를 등용하고 광종이 시행한 노비안검법과 비슷한 전민변정도감을 설치해 개혁정치를 펼쳤다.
신흥무인세력 대표주자인 이성계는 신진사대부와 힘을 합치고 위화도회군으로 권력을 장악한 뒤 새로운 나라 조선을 세웠다.

이성계

14 고려시대 인물

❖인물 pick – 인물 사전

강감찬, 공민왕, 배중손, 김통정, 문익점, 서희, 양규, 왕건
윤관, 의천, 일연, 최무선, 정몽주

돌발정리

나라 또는 민족	맞서 싸운 장군
거란	양규, 서희, 강감찬
여진	윤관
몽골	배중손, 김통정
왜구	최무선, 최영

❖인물 비교 – 인물 사전

광종, 김부식, 만적, 김사미, 망이, 망소이, 묘청, 신돈, 안향
이승휴, 이자겸, 정중부, 지눌, 최승로, 최영, 최우, 최충헌
충렬왕

인물 확인

1. 강감찬   2. 공민왕   3. 배중손, 김통정   4. 문익점
5. 서희   6. 양규   7. 왕건   8. 윤관   9. 의천   10. 일연
11. 최무선   12. 정몽주

인물 활용

1. 정도전 → 정몽주
2. 견훤 → 궁예
3. 양규 → 서희, 강감찬 → 양규, 서희 → 강감찬

만적, 망이·망소이, 김사미, 효심은 고려시대 봉기를 일으
킨 대표적인 인물들이다.
만적은 신분해방운동, 망이·망소이는 행정구역차별, 김사
미는 관리들의 수탈에 맞서 봉기를 일으켰다.

서희, 양규, 강감찬은 모두 거란의 침입 때 활약한 인물이다.
강감찬은 거란, 윤관은 여진, 최무선은 왜구를 막아낸 인물
이다.

광종

교과서가 쉬워지는
역사 용어(선사시대~고려시대)

초판 1쇄 발행 2022년 9월 1일
초판 2쇄 발행 2024년 4월 30일

지은이 정상우
펴낸이 임정은
디자인 Wonderland
인 쇄 조일문화인쇄

펴낸곳 (주)SJ소울
등 록 제379-2023-000116호(2000.10.29)
주 소 경기도 성남시 수정구 위례동로 135 신성위캐슬타워 801-23호
전 화 0505-489-3167
팩 스 0505-489-3168
이메일 starina75@naver.com
ISBN 978-89-94199-82-5 44910
     978-89-94199-81-8(세트)